Friederike Beck

Das Guttenberg-Dossier

Friederike Beck

DAS GUTTENBERG-DOSSIER

Das Wirken transatlantischer Netzwerke
und ihre Einflussnahme auf deutsche Eliten

Aktuelle und geschichtliche Einblicke

zeitgeist
Print & Online

5. Auflage Dezember 2012

Übersetzungen aus dem Englischen durch die Autorin

Redaktionsschluss: April 2011

Satz: Hoos Mediendienstleistung, Landau
Coverdesign: Public Lounge Mediaproduction GmbH
Druck und Bindearbeiten: CPI books GmbH, Ulm
Printed in Germany

ISBN 978-3-943007-00-8
www.zeitgeist-online.de

»Die Großen sind nicht durch sich selbst groß,
sondern durch die andern, durch alle die,
denen es ein Entzücken bereitet,
sie als groß zu erklären.
Durch vieler Leute Würdelosigkeit
entsteht diese eine überragende Ehre und Würde.
Durch vieler Leute Kleinheit und Feigheit
entsteht diese auf einem Punkt
aufgehäufte Summe von Größe
und durch vieler Leute Verzicht auf Macht
diese gewaltige Macht.
Ohne Gehorsam ist der Befehlshaber
und ohne Diener ist der Herr nicht möglich.«

(Robert Walser)

»Europa und die USA. Mancher Blick nach innen
wie über den Atlantik trägt dieser Tage
den Schimmer der Ernüchterung in sich.«

(Karl-Theodor zu Guttenberg;
erster Satz des Vorworts seiner Doktorarbeit)

»Zu Guttenberg in außenpolitische Führungsgremien berufen.
Der CSU-Politiker fühlt sich ›geehrt, als einer von wenigen
europäischen Politikern diesen Kreisen angehören zu dürfen,
die sich ausschließlich aus Spitzenkräften zusammensetzen‹«.

(von der Homepage Karl-Theodor zu Guttenbergs)

Eine Fülle an ergänzendem, äußerst wichtigem Bildmaterial, das für das Verständnis des Buches relevant ist, haben wir auf einer speziellen Serviceseite unseres Verlages im Internet für Sie zusammengestellt, kommentiert und verlinkt, da wir es aus rechtlichen Gründen nicht abdrucken konnten. Die Netzadresse lautet:

www.zeitgeist-online.de/transatlantischer-bilderbogen

Die Seite können Sie aufrufen, sofern Sie dieses Buch über unseren Onlineshop bestellt haben und auf unserer Webseite eingeloggt sind. Andernfalls müssen Sie sich zuerst, um Missbrauch zu vermeiden, mit Benutzernamen und Passwort bei uns registrieren (unter www.zeitgeist-online.de/register).

Ferner finden Sie auf der Serviceseite einen Verweis zu allen Quellenangaben im Buch. Die dort aufgeführten Internetlinks können komfortablerweise direkt angeklickt werden (siehe auch Seite 212).

Inhaltsverzeichnis

Teil I

Teil II

Teil III

Anhang

Vorbemerkung

Wenn dieses Buch, das bereits vor zwei Jahren als »Dossier« aus aktuellem Anlass zu entstehen begann, sich mit dem Namen »Guttenberg« verbindet, so geschah das nicht aus besonderem Interesse an seiner Person als solcher. Gleich vorweg sei dem Eindruck vorgebeugt, zu Guttenberg sei aus ungebührlicher Neugier oder sensationshascherischen Motiven in den Fokus gerückt. Vielmehr hat sich die Personalie Guttenberg selbst angeboten.

Was 2009 zunächst mit neugierigem »Ergooglen« von ersten Informationen über die »überraschende« Berufung zu Guttenbergs als Wirtschaftsminister anfing, mündete unversehens in eine Recherche, die nicht nur spannend war, sondern sich auch als äußerst notwendig erwies. Anhand des »Falls Guttenberg« – durchaus doppelsinnig gemeint – werden Zusammenhänge erklärbar, die plausibel die Frage beantworteten, warum ein junger Mann ohne erkennbare Qualifikationen mit Eintritt in den Deutschen Bundestag sofort im hochsensiblen Auswärtigen Ausschuss landet und sich bereits wenige Jahre später in Ministerämtern wiederfindet.

Aus dieser Anfangssituation heraus, die mit einer Suche nach Zusammenhängen begann, erklärt sich auch der sich langsam wandelnde Stil und Ton des »Dossiers« – die ursprüngliche dreiteilige Gliederung wurde beibehalten –, da meine anfängliche Unbeschwertheit immer mehr einer handfesten Recherche auf der Zeitachse weichen musste, um den Dimensionen und Zusammenhängen wirklich gerecht zu werden. Denn ich wollte nicht nur ein paar kleinere Schrammen auf der Oberfläche des Eises hinterlassen, sondern es vielmehr aufbrechen – zumindest an einigen Stellen ...

Das Thema »Transatlantische Netzwerke« wurde von den Medien bisher völlig vernachlässigt; ein Diskurs findet nicht statt. Höchste Zeit, dass einmal nachgehakt wird:

Kann es sein, dass öffentlichkeitsscheue, nicht demokratisch bestellte Gremien, »Institute« und »Think-Tanks« die Geschicke unseres Landes bestimmen, indem sie maßgeblichen Einfluss auf die Bildung und Selektion unserer Eliten nehmen?

Ist es wirklich gänzlich unproblematisch, dass das Bundeskanzleramt sowie beinahe sämtliche Ministerämter bis hin zum Bundespräsidentenamt mit Personen besetzt sind, die eine bestimmte transatlantische Schulung durchlaufen haben?

Um diesem Thema die nötige Tiefenschärfe zu geben, waren intensive Recherchen nötig – auch um geschichtliche Zusammenhänge aufzudecken, die für das Verständnis der Bedeutung dieser transatlantischen Netzwerke äußerst relevant sind.

Eine erhellende Lektüre sei versprochen!

Friederike Beck
Bonn, im April 2011
www.becklog.zeitgeist-online.de

Teil I

Senkrechtstarter
Karl-Theodor zu Guttenberg

»Als uns 2009 der neue Wirtschaftsminister Karl-Theodor von und zu Guttenberg präsentiert wurde, stellte sich bald ziemlich alles, was über seine angebliche Erfahrung in der ›freien Wirtschaft‹ berichtet wurde, als falsch heraus. Aus den Medien war außer nachweislichen Falschinformationen und Plattitüden kaum etwas Sachdienliches zu erfahren. Wer aber ist zu Guttenberg wirklich, woher kommt er? Und wofür steht er? Eine erste Spurensuche ergab erstaunlich Brisantes ...«[1]

Dies waren vor zwei Jahren die Einleitungsworte zum »Guttenberg-Dossier«, das zunächst in zwei Teilen bei »zeitgeist Online« veröffentlicht wurde.[2] Seitdem hat sich einiges ereignet. Der damals verfasste Text hat dennoch kein »Verfallsdatum«, denn es stellte sich im Zuge der Recherche heraus, dass es insgesamt um sehr viel mehr als die Person Guttenberg geht. Die Fakten und Zusammenhänge, die aufgezeigt wurden, lüfteten einige Schleier und machen heute vieles verständlicher – auch und gerade im Kontext mit Guttenbergs kürzlichem Rücktritt von allen Ämtern nach der Plagiatsaffäre.

Doch zurück ins Jahr 2009, mitten hinein in die Weltwirtschaftskrise. So mancher wunderte sich: Karl-Theodor zu Guttenberg als Wirtschaftsminister? Das war gelinde gesagt merkwürdig: Deutschland hatte in Krisenzeiten einen Wirtschaftsminister, dessen erklärtes Interesse eigentlich der Außenpolitik galt.

Und: Die angebliche Erfahrung des Aufsteigers in der freien Wirtschaft stellte sich bald als eine Gesellschaft zur Verwaltung des eigenen Familienvermögens heraus, keinesfalls handelte es sich, wie allseits zunächst vermutet, um eine fränkische Firma, die Dämmstoffe u. Ä. herstellt.[3]

Die von und zu Guttenbergs, welche auf ihrem Schloss im Fränkischen bei Kulmbach residieren, gehören zu den 300 reichsten Familien Deutschlands. Laut »Spiegel« wird ihr Vermögen auf ca. 600 Millionen Euro geschätzt.[4] Wenn diese Informationen stimmen, vermisst man allerdings eine nachvollziehbare Angabe darüber, wie es zu dieser unvorstellbaren Vermögensakkumulation kam. Vor einigen Jahren lebte die Familie nach Angaben Philipp zu Guttenbergs, des Bruders unseres Protagonisten, noch vom Waldbesitz. Was heute kaum noch vorstellbar erscheint: Ein Sturm konnte existenzbedrohende Folgen haben. *»Der Tag, als im März 1990 der Orkan ›Wiebke‹ über Süddeutschland fegte und den Guttenberg'schen Hauswald mit sich nahm, hat sich tief eingeprägt. ›Es war ein apokalyptisches Erlebnis für unsere Familie. Wir haben alle geweint, als wir sahen, was da angerichtet wurde. Es ging nicht nur um unseren früheren Spielplatz, sondern um existenzielle Grundlagen.‹«*[5]

Die unlängst bekannt gewordenen Beteiligungen der Guttenberg-Familie an der Rhön-Klinikum AG und Guttenbergs Aufsichtsratssitz (1996–2002)[6] sowie der Verkauf eines Aktienpakets 2002 für 260 Millionen Euro an die HypoVereinsbank München (HVB)[7] liefern nur eine Teilerklärung für das Zustandekommen des üppigen Familienvermögens.

Die Geschichte des Rhön-Klinikums ist interessant: In den 1970er-Jahren hatte noch der Konkurs gedroht, nach Sanierung durch Eugen Münch kam 1988 die Umwandlung der GmbH in eine Aktiengesellschaft und 1989 der Börsengang (als erstes privates Krankenhausunternehmen der Branche) mit einem Stammkapital von 10 Millionen DM. Die Familie zu Guttenberg war mit einem Anteil von 2,65 Millionen DM beteiligt, was daraus geschlossen werden kann, dass die HVB 2002 der Familie ihren Anteil von 26,42 %[8] abkaufte.

Der Verkauf der Anteile brachte der adeligen Familie damit sage und schreibe etwa das Zweihundertfache des ursprünglichen Werts der Aktie ein. Im Juni 2005 veräußerte die HVB die 4.786.560 Aktien, die zu 98,8 % aus dem Ankauf von den zu Guttenbergs stammten, wieder zu einem Preis von 258,47 Millionen Euro (54 Euro je Aktie)[9], was einem leichten Verlust entspricht.[10] Das Familienoberhaupt Enoch zu Guttenberg, ein bekannter Dirigent, war in der Vergangenheit auch durch gemeinsames kulturell-musikalisches Engagement zusammen mit der HVB aufgefallen, etwa bei einem Konzert im April 2002 zugunsten des Doms zu Speyer, für den die Münchner Bank eine halbe Million Euro sponserte.[11]

Aktuell liegt die offensichtlich einstmals überbewertete Rhön-Klinikum-Aktie nach erheblichen Verlusten bei 17,24 Euro[12] – was so manchen Aktionär wohl kaum erfreuen wird. Im Ergebnis gelang durch die beschriebene HVB-Guttenberg-Operation 2002 der Familie des Freiherrn der Aufstieg in die Finanzoberliga Deutschlands. Die Herkunft der restlichen 340 Millionen Euro Familienvermögen (wenn wir der Schätzung des genannten »Spiegel«-Berichts folgen wollen) liegen jedoch weiterhin im Dunkeln. Denn Karl-Theodors Vater Enoch kann die Millionen unmöglich allein mit dem Taktstock herbeigezaubert haben.

Die Frage nach dem Woher drängt sich also auf, zumal »KT« nachweislich nie in der »freien Wirtschaft« tätig war. Immerhin arbeitete der Jurist (ohne zweites Staatsexamen) ein Jahr lang in einer New Yorker Kanzlei, welcher, ist unbekannt. Guttenberg geizt ganz offensichtlich mit genauen Informationen – sowohl über seine wirtschaftlichen Umstände als auch seinen beruflichen und politischen Werdegang. Seine Homepage[13] kommt schütter und dürftig daher. Diese falsche Bescheidenheit in Bezug auf Angaben zu seiner eigenen Person – worauf die Öffentlichkeit in einer Demokratie nun einmal Anspruch hat – hat indes gute Gründe, wie sich bald herausstellen sollte ...

DEUTSCHLAND

HERR UND MEISTERIN Mit dem Adelsspross und Senkrechtstarter der CSU will Kanzlerin Angela Merkel wirtschaftspolitisches Profil gewinnen

PORTRÄT

Das Geheimnis des schwarzen Barons

Warum **Karl-Theodor zu Guttenberg** im Blitztempo zum neuen Star der Union aufstieg

Der Baron thront auf dem Kutschbock und treibt seine beiden Pferde an. Er trägt Lederhose und einen grünen Lodenmantel. Vom Schloss, das auf einem Hügel liegt, jagt das Gespann hinunter ins Dorf, dann weiter in die Wälder. Enoch zu Guttenberg liebt auch im Alter von 62 Jahren seine ungestümen Kutschfahrten. Fast täglich ist das Schauspiel zu beobachten. Es sind Szenen wie aus einem Historienstreifen.

Hier, nur zehn Kilometer entfernt von der Bierstadt Kulmbach, ist alles ein bisschen anders. Es fühlt sich bisweilen an wie vor 100 Jahren, als der Monarch in der Kutsche an seinen Untertanen vorbeipreschte. Nur hätte er damals nie selbst die Zügel in die Hände genommen.

Guttenberg also, die kleinste Gemeinde Oberfrankens, mit 580 Einwohnern selbstständig, eingebettet zwischen Tannenwäldern und beherrscht seit 1492 vom Schloss der von und zu Guttenbergs. Das Geschlecht, aus dem der neue Polistar Karl-Theodor zu Guttenberg stammt, bestimmt heute noch über das Dorf, auch wenn die amtliche Herrschaft des Adels längst der Vergangenheit angehört.

Sie alle hier respektieren die Familie, mehr noch, sie bewundern sie. Bürgermeister Eugen Hain, hier selbstverständlich von der CSU, sitzt in seinem Amtszimmer und schwärmt: „Der Ort hat der Familie alles zu verdanken.“ Hain ist seit 13 Jahren das demokratisch gewählte Dorfoberhaupt. Aber in seine wöchentlichen Bürgersprechstunden verirrt sich kaum einer. „Wenn wir was brauchen, gehen wir zum Baron“, sagt ein Guttenberger und meint Karl-Theodors Vater Enoch, Familienvorstand und weltberühmter Dirigent. Hier gelten ganz eigene Machtver- ▶

20 FOCUS 13/2009

»Das Geheimnis des schwarzen Barons« lautet der Titel eines Porträts zu Guttenbergs im »Focus«, Heft 13/2009. Der Artikel selbst lüftet es jedoch nicht. Stattdessen gehen die Redakteure lediglich auf sein Erfolgsgeheimnis ein (Welcher Erfolg eigentlich? Er hat doch noch gar nichts geleistet … oder etwa doch, hinter verschlossenen Türen?), welches in seinem schon immer vorhandenem grenzenlosem Selbstbewusstsein und seinem Bemühen, nicht den Eindruck eines abgehobenen Aristokraten zu vermitteln, verortet wird. »Er wurde bereits in jungen Jahren auf eine spätere Führungsaufgabe vorbereitet …«

Der Aufstieg Guttenbergs zum Minister zeichnete sich, wenn man genauer hinschaute, schon früh ab – wenn auch, wie wir noch sehen werden, schon damals wohl eher das Außen- und nicht das Wirtschaftsamt angepeilt wurde. Als Indikator kann seine Berufung 2002 in den Auswärtigen Ausschuss des Bundestages zeitgleich mit seiner Wahl in den deutschen Bundestag für die CSU (Wahlkreis Kulmbach) im Alter von nur 31 Jahren gelten. Zwar hatte er bei der CSU im Fachausschuss Außenpolitik gesessen und einige Jahre als CSU-Politiker hinter sich – wie viele, erfährt man nicht –, doch stellte sich hier die Frage: Wie kommt es, dass ein so junger, gerade erst in den Bundestag gewählter Parlamentarier, der Außenpolitik bisher nur auf Parteiebene betrieben hatte, sogleich in ein solch bedeutsames Gremium weitergeleitet wird? Worin bestand seine Qualifikation? Auf Guttenbergs Webseite hieß es 2009 dazu: *»Seine Berufung in diesen Ausschuss war für einen neu gewählten Parlamentarier sehr ungewöhnlich. Der 31-jährige CSU-Politiker ist zudem das jüngste Mitglied in diesem Gremium.«* Dieser Kommentar gab zu weiteren Fragen Anlass, und so beschloss ich, mein Wissen über den Auswärtigen Ausschuss etwas aufzufrischen.

Der Auswärtige Ausschuss

Auf der Homepage des Deutschen Bundestages heißt es über die Befugnisse und Aufgaben des Auswärtigen Ausschusses:

»Klassisch politisch und hochsensibel
Der Auswärtige Ausschuss ist ein von der Verfassung privilegierter Ausschuss, er gehört zu den vier Ausschüssen, die das Grundgesetz fest vorschreibt. Als klassischer politischer Ausschuss begleitet er die auswärtige Regierungspolitik vor allem im Vorfeld wichtiger außen- und sicherheitspolitischer Entscheidungen. Grundsätzlich arbeitet er hinter verschlossenen Türen. Denn seine Beratungsthemen sind hochsensibel. So beraten seine Mitglieder federführend, ob die Bundesregierung deutsche Soldaten zu Auslandseinsätzen entsenden darf. [...] Die Pflege der Beziehungen zu auswärtigen Staaten ist Sache des Bundes, genauer, Sache der Bundesregierung. Sowohl für die Übertragung von Hoheitsrechten auf zwischenstaatliche Einrichtungen als auch für Verträge, welche die politischen Beziehungen des Bundes regeln oder sich auf Gegenstände der Bundesgesetzgebung beziehen, schreibt das Grundgesetz aber die Mitwirkung des Parlaments vor. In der Praxis ist es der Auswärtige Ausschuss, über den diese Mitwirkung stattfindet. [...] Federführend für das Plenum des Bundestages werden diese Entscheidungen vom Auswärtigen Ausschuss nach eingehenden Beratungen vorbereitet. Bisher ist das Plenum in keinem einzigen Fall von einer Empfehlung des Auswärtigen Ausschusses abgewichen.«[14]

Der Auswärtige Ausschuss ist also faktisch das Gremium, das hochsensible (= hochgeheime) sicherheitspolitische (= den Einsatz des Militärs betreffende) Entscheidungen hinter verschlossenen Türen fällt. Der deutsche Militäreinsatz in Afghanistan etwa wurde und wird hier entschieden. Die Zustimmung des Bundestages ist damit nur noch eine Formalität, da er bisher, wie offen zugegeben wird, in keinem einzigen Fall von den Vorgaben dieses Ausschusses abgewichen ist.

Wie also kam es nun 2002 zu Guttenbergs umstandsloser Aufnahme in den Auswärtigen Ausschuss des Deutschen Bundestages, der, wie wir gesehen haben, nur formal ein Beratungs-, faktisch aber ein Entscheidungsgremium ist? Konnte es sein, dass seine Mitgliedschaft in der Deutschen Gesellschaft für Auswärtige Politik (DGAP) zu Berlin mit entscheidend war? Über den genauen Zeitpunkt seines Eintritts ist wieder nichts zu eruieren, er muss jedoch schon vor 2002 erfolgt sein. Es wird daher Zeit, einmal die DGAP sowie deren Vorbild, den US-amerikanischen CFR, kritisch zu beäugen.

Die DGAP und der CFR

Ein Blick auf die aktuelle Mitgliederliste der 1955 gegründeten »Deutschen Gesellschaft für Auswärtige Politik« zeigt eine interessante Mixtur aus einflussreichen Politikern, Wirtschaftskapitänen, Bankenbossen und Medienmogulen.[15] Als Beispiele seien hier genannt: die ehemaligen Verteidigungsminister Volker Rühe und Rudolf Scharping, der Ex-Außenminister Hans-Dietrich Genscher, Alt-Bundeskanzler Helmut Schmidt, der Industrielle Arend Oetker, über die Oetker-Holding auch Förderer der DGAP und wie Spender Walther Leisler Kiep einstiger Vorsitzender der Atlantik-Brücke, eines transatlantischen Einflussgremiums (siehe auch Seite 55). Die DGAP führt 72 Unternehmen als Fördermitglieder bzw. Spender, darunter die Deutsche Bank, Friede Springer, EADS, die BMW-, die Bosch- und die Thyssen-Stiftung.

Die Gesellschaft firmiert auch unter »German Council on Foreign Relations«[16], was ihre abhängige Verwandtschaft zum entsprechenden US-amerikanischen Einflussgremium »CFR« verdeutlicht. Die DGAP ist also eine Schwesterorganisation bzw. ein direkter »Kaktusableger« des CFR.

Über den »Council on Foreign Relations« (CFR) ist schon vieles geschrieben worden, und hier ist nicht der Ort, all dies aufzufrischen. Es seien aber kurz einige unerlässliche historische Hintergründe geschildert: Der CFR wurde 1921 von Edward Mandell House (1858–1938) gegründet. Mandell House war eine sehr interessante Figur im zweiten Glied der US-Politik und als engster Berater des amerikanischen Präsidenten Thomas Woodrow Wilson von 1912 bis 1919 eine klassische »graue Eminenz«, von der man mit einigem Recht sagen kann, dass sie Weltgeschichte schrieb.

Zu Beginn des Ersten Weltkriegs hatten sich die USA noch neutral verhalten. 1916 gewann Wilson die Präsidentschaftswahlen für eine zweite Amtszeit mit dem Slogan seiner Demokratischen Partei *»Er hat uns aus dem Krieg herausgehalten«*. Mandell arbeitete nun unermüdlich daran, diese Neutralität infrage zu stellen, zudem versuchte er, Wilson in seiner sich selbst zugeschriebenen Rolle als Weltpolitiker anzufeuern. Bereits im Mai 1915, nach der Torpedierung des britischen Passagierdampfers »Lusitania« (ihr Rumpf war allerdings mit Munition angefüllt) durch ein deutsches U-Boot, drängte Mandell House den Präsidenten zu handeln, denn auf dem Dampfer hatten sich auch einige US-Amerikaner befunden: *»Wir können nicht länger neutrale Zuschauer bleiben!«* Doch Wilson widersetzte sich noch. Im April 1917 hatte Mandell House schließlich sein Ziel erreicht: Amerika erklärte Deutschland den Krieg, im Dezember desselben Jahres erfolgte auch die Kriegserklärung an Österreich-Ungarn.

1918 stellte Wilson dann seine berühmten 14 Punkte dem amerikanischen Kongress vor. Es handelte sich dabei um den Entwurf einer Nachkriegsordnung, die das Selbstbestimmungsrecht der Völker in Europa berücksichtigen sollte und bereits den Vorschlag für einen zukünftigen Völkerbund (»League of Nations«) enthielt. Die Mittelmächte hatten im Vertrauen auf die Zusicherungen dieses Planes die Waffen niedergelegt. Anfang 1919 reiste eine fünfköpfige US-Delegation nach Frankreich, um den Friedensvertrag auszuhandeln, darunter war auch Mandell House. Im Februar verließ Wilson die Verhandlungen für einen Monat und übergab alle Vollmachten an seinen Berater. Als der US-Präsident im März 1919 zurückkehrte, musste er feststellen, dass sein Bevollmächtigter die hohen Ideale verraten und den Westmächten Zugeständnisse gemacht hatte, die mit dem proklamierten Selbstbestimmungsrecht nichts mehr zu tun hatten. Die Mittelmächte Deutschland und Österreich-Ungarn mussten umfangreich Gebiete abtreten, insgesamt 6,5 Millionen Deutschsprachige fanden sich in neuen Staaten wieder. *»Die Bedingungen der Entente sind schamlos und abgeschmackt, sie sind Vorspiel neuen Rassen-*

hasses und eines neuen Krieges«, schrieb die Londoner Zeitung »Daily Herald« am 8. Mai 1919 treffend. Der Rest ist Geschichte.

Zurück zu Mandell House: Sein Verhältnis zu Wilson war bleibend zerrüttet, das hinderte ihn jedoch nicht daran, weiter politische Drähte zu ziehen; er beriet z. B. später Präsident Roosevelt und gründete 1921 den CFR.[17]

Es bleibt festzuhalten, dass der CFR im Sinne seines Gründers von Anfang an ein Instrument der US-amerikanischen Außenpolitik zur Wahrung von Interessen, zur Durchsetzung von Weltmachtansprüchen und zur Eindämmung Deutschlands war – keineswegs eine selbstverständliche Entwicklung, denn bis zum Ersten Weltkrieg hatten die USA und Deutschland noch nie im Krieg miteinander gestanden. Was wäre gewesen, hätte Präsident Wilson nicht auf Mandell House, sondern auf einen anderen, sich an der »Monroe-Doktrin« orientierenden Berater gehört? Eine müßige, aber zulässige Frage. Die 1823 von US-Präsident James Monroe verfasste Doktrin hatte sich auf eine irreversible Unabhängigkeit Amerikas von den europäischen Mächten und auf das Prinzip der Nichteinmischung festgelegt. Dieses Prinzip erscheint uns heute, da wir gerade den sechsten Interventionskrieg unter Führung der USA als Normalität erleben (aktuell Libyen nach zwei Irakkriegen, dem Jugoslawien-, Sudan- und Afghanistan-Krieg), fast antiquiert. Dennoch tut es gut, sich daran zu erinnern, dass der CFR von Anfang an eine Organisation war, die für Politik der US-Interventionen stand, und dass eine Mitgliedschaft in der deutschen Sektion mindestens eine zweischneidige Angelegenheit ist – außer man ist Transatlantizist.

Das beinahe hundert Jahre alte, äußerst einflussreiche Gremium mit Sitz in New York wird als Denkfabrik – engl. Think-Tank – apostrophiert. Es unterhält das Zweimonatsmagazin »Foreign Affairs«, welches als Plattform zur Diskussion und Verbreitung außenpolitischer Konzepte solch bewährter Strategen wie der CFR-Mitglieder

Henry Kissinger und Zbigniew Brzezinski dient. Laut eigenen Angaben »*dienten die Diskussions- und Studiengruppen mehr als zwei Jahrzehnte als Brutstätte für die Doktrin der strategischen Stabilität, der gegenseitigen Abschreckung, der Waffenkontrolle und der nuklearen Nichtverbreitung, die Amerikas Außenpolitik während der Jahre des Kalten Krieges geleitet haben*«.[18] Der CFR beansprucht darüber hinaus die Vaterschaft für die Idee des Marshallplans nach dem Zweiten Weltkrieg und das Konzept der NATO.

Der derzeitige Präsident des CFR (seit 2003) ist Richard Nathan Haass. Er liefert ein lebhaftes Beispiel für die Aktivitäten der Mitglieder und Mitarbeiter des Außenpolitikgremiums: Haass war ab 2001 unter George W. Bush im Außenministerium für politische Planung zuständig und wurde für seine Konzipierung des Golfkriegs (1990; die Operationen Desert Storm und Desert Shield) mit der Presidential-Citizens-Medaille ausgezeichnet. Seine Mitgliedschaften u. a. in der »Bilderberg-Gruppe«[19], dem »Aspen-Institut« und dem »Institut für Strategische Studien« zeigen an, dass wir es mit einem gewichtigen Insider zu tun haben.

Im Führungsgremium finden sich viele weitere bekannte Namen aus der Politik – z. B. Ex-Außenministerin Madeleine Albright oder Ex-Verteidigungsminister Colin Powell –, aber auch aus Industrie und Bankensektor, die nicht so sehr im Rampenlicht stehen. Der CFR kennt zwei Sorten von Mitgliedschaften: die auf Lebenszeit und die auf Zeit. Letztere ist auf fünf Jahre begrenzt, die lebenslange kann man nicht per Antragsformular erwerben – Vollmitglieder werden sorgfältig auserlesen: Ein solcher Kandidat muss von einem Vollmitglied schriftlich empfohlen werden und weitere drei Empfehlungsschreiben wichtiger Personen, die vorzugsweise gleichfalls dem CFR angehören, vorweisen können. Manche Bewerber werden trotz aller Empfehlungen nie erwählt. Ganz ähnliche Auswahlverfahren finden sich in allen bedeutenden Einflussgremien ähnlicher Provenienz.

Wesentlich problemloser kann man bei der CFR-Schwesterorganisation DGAP Mitglied werden, um *»exklusiv zu unseren regelmäßigen Veranstaltungen mit hochrangigen Entscheidungsträgern aus dem In- und Ausland eingeladen [zu werden]. Die monatlich stattfindenden ›Kamingespräche‹ geben Ihnen zudem die Möglichkeit, aktuelle Themen mit unseren Experten zu diskutieren und sich mit anderen Mitgliedern zu vernetzen.«*[20]

Die finanziell hochpotenten Kreise, die den CFR unterhalten, haben klare Vorstellungen davon, wie die Welt nach ihrem Wunsch und Willen modelliert werden soll. So war David Rockefeller ab 1975 Präsident und Spiritus Rector des CFR. Mit dem ererbten Reichtum seiner Familie (Erdöl, Banken) sponserte er ein Denkfabrikprogramm, das sich in drei Zentren unterteilt: das »Center für Präventivaktionen«, das »Greenberg Center für geoökonomische Studien« und das »Zentrum für universale Erziehung«. An diesen Zentren geschieht bei geeigneten Kandidaten Hirnmassage auf hohem Niveau: Der Blickwinkel der Stipendiaten und dort Forschenden wird kunstvoll so geformt, bis sie zu perfekten Transformatoren der Ideen von Rockefeller, Kissinger & Associates werden, sodass ihnen deren Gedanken und Strategien als die eigenen erscheinen. Diese »Ideen« werden dann mithilfe einer unübersehbaren Zahl von Publikationen (Büchern, Zeitschriften, Gastkommentaren) in den Mainstream »abgelaicht«. Derselbe Prozess spielt sich bei allen transatlantischen Think-Tanks in ganz ähnlicher Weise ab – man kann dies auch als die »Erschaffung« des Zeitgeistes bezeichnen. Wichtige Schlagworte sind in diesem Zusammenhang der sogenannte »Kampf gegen den internationalen Terrorismus« oder »Liberalisierung der Weltmärkte«. Henry Kissinger, der zeitweilige Präsident und Dauergast des CFR, lässt keine Gelegenheit aus, sich als Multiplikator zu betätigen und öffentlich vor »den Gefahren des internationalen Terrorismus« zu warnen. Woher genau kommt dieser angstinduzierende Begriff?

Zufällig stieß ich im Netz auf ein Interview vom 16.12.2006 mit der Gattin des Cheney-Beraters für den Nahen Osten, David Wurmser.[21] (Dick Cheney, George Bushs ehemaliger Vizepräsident, war einige Jahre Präsident des CFR.)

Frau Dr. Meyrav Wurmser vom »Hudson Institut«, einem neokonservativen Think-Tank, der u. a. Strategiepapiere produziert und laut eigenem Motto *»seit einem halben Jahrhundert Ideen schmiedet«*[22], steht für eine Gruppe einflussreicher »Neocon«-Denker[23], welche die US-Politik maßgeblich beeinflussten, wird von »Ynet« gefragt: *»Haben Sie praktisch den Krieg im Irak herbeigeführt?«* Antwort: *»Wir haben Ideen geäußert, aber die Politik im Irak wurde den Neocons sehr schnell aus der Hand genommen. Die Idee war, dass Amerika einen Krieg gegen den Terror hat, und dass der einzige Ort, um damit fertig zu werden, im Nahen Osten liegt, und dass ein fundamentaler Wandel durch das Auswechseln der Führerschaft kommen würde. Wir mussten irgendwo anfangen.«*[24]

Geht also der vom CFR und anderen Denkfabriken verwendete Terminus *War on Terror* – »Krieg gegen den Terror« – ursprünglich auf ein strategisches Konzept des Hudson-Instituts zurück, mit dem man konkrete politische Ziele erreichen wollte?

David Rockefeller ist keineswegs nur für den CFR tätig, sondern für ein ganzes Netz von Einfluss- und Entscheidungsgremien, u. a. die »Trilaterale Kommission«[25], in deren Vorstand er saß, oder den »Council of the Americas«[26]. Auch bei den exklusiven Bilderberger-Treffen wurde er gesichtet. Bei einem Treffen der Trilateralen Kommission 1991 soll er dem Buchautor Jordan Maxwell zufolge gesagt haben: *»Die supranationale Souveränität von einer intellektuellen Elite und von Weltbankern ist sicherlich der nationalen Selbstbestimmung, die in vergangenen Jahrhunderten praktiziert wurde, vorzuziehen.«*[27]

Das Stichwort »Elite« führt uns zu Guttenberg zurück: Lässt sich die Berufung in den Auswärtigen Ausschuss des Bundestages durch seine Mitgliedschaft bei der DGAP erklären? War das der einzige Grund für seinen weiteren politischen Aufstieg?

Selbstverständlich wurde er auch an der Seite Kissingers gesichtet. Der Außenpolitik-Dino tritt bei einer Vielzahl weihevoller Konferenzen vor Würdenträgern aus Wirtschaft, Militär und Politik auf, wo er wegweisende Saurierеier (Ideen und strategische Konzepte) legt, die dann von wissbegierigen jungen Aktentaschenträgern ausgebrütet werden dürfen. Am 11.11.2007 z. B. fand in der New Yorker Carnegie Hall die Konferenz »Political Berlin. Germany and the United States«, ausgerichtet von der American Academy, statt. Bilder von der Konferenz finden sich auf deren Homepage.[28] Als Teilnehmer der Podiumsdiskussion werden aufgeführt:

»Karl-Theodor Freiherr zu Guttenberg
Josef Joffe
Henry A. Kissinger
John C. Kornblum
Richard C. Holbrooke, Moderator«

Unter »Meet the Artist« heißt es u. a.: *»Baron zu Guttenberg ist Mitglied des Deutschen Bundestags (CSU) und Leiter des Fachausschusses Außenpolitik der CSU. Er ist in Berlin Obmann der CDU/CSU-Bundestagsfraktion im Auswärtigen Ausschuss und Sprecher der CDU/CSU-Fraktion für die Themen Nichtverbreitung von Atomwaffen und Rüstungskontrolle. Bevor er in den Bundestag gewählt wurde, war er Chef der Guttenbergschen Familienunternehmen in München und Berlin und gewann Arbeitserfahrung in Frankfurt und New York. Baron zu Guttenberg war Geschäftsführer der Guttenberg GmbH (München) und ist Mitglied verschiedener Vorstände. Davor studierte er Jura und schloss sein Studium mit einer Doktorarbeit über vergleichendes Verfassungsrecht ab. Guttenberg hat viele Artikel über Außen- bzw. Eu-*

ropapolitik veröffentlicht sowie über die Zeit zwischen 1933 bis 1945 in Deutschland. (Seine Familie war aktiv am Widerstand gegen Hitler beteiligt.) Er ist mit Ehefrau Stephanie verheiratet. Sie haben zwei Töchter.«

2007 ist also schon unschwer zu erkennen, dass Guttenberg systematisch einen Mythos um seine Person aufbaut, der wenig mit der Wirklichkeit gemein hat:

Denn bei den »Familienunternehmen« in Berlin und München (Guttenberg GmbH München) handelte es sich schlicht um eine Vermögensverwaltungsgesellschaft seiner Familie, deren Geschäftsführer er bis 2003 war. Weiterhin war er bis 2004 Geschäftsführer der KT Kapitalverwaltung GbR München, bei der es aller Wahrscheinlichkeit nach um die Verwaltung seines eigenen Vermögens geht (»KT« = Karl-Theodor).

Über seine beruflichen Stationen in Frankfurt und New York« ist nie etwas Näheres bekannt geworden. Die Presse spekulierte, es seien schlicht Praktika gewesen. So schrieb der Berliner »Tagesspiegel«, allerdings erst am 20.2.2011: *»Aus mehrwöchigen Praktika als Student wurden demnach auf seiner eigenen Internetseite ›berufliche Stationen in Frankfurt und New York‹.«*

Und die Mitgliedschaft in verschiedenen Vorständen? Dazu wieder der »Tagesspiegel«: *»Eine siebenjährige Mitgliedschaft im Aufsichtsrat der Rhön-Klinikum AG sollte vor zwei Jahren eine ökonomische Kompetenz des jungen Wirtschaftsministers suggerieren – nach Aussagen von Bekannten habe sie nur auf dem Papier gestanden. Ein mehrwöchiges Praktikum bei der Zeitung ›Die Welt‹ ist laut ›FAS‹ [Frankfurter Allgemeine Sonntagszeitung] in Guttenbergs Lebenslauf zu einer Tätigkeit als ›freier Journalist‹ geworden. Ein ehemaliger Redakteur der ›Welt‹, der damals Guttenbergs Vorgesetzter war, wurde mit dem Hinweis zitiert, Guttenberg sei ein sehr guter Praktikant gewesen, aber als Autor nicht aufgefallen.«*[29]

Hat der Freiherr nun wenigstens viele Artikel über die Periode zwischen 1933 und 1945 geschrieben? Diese Angabe (im doppelten Wortsinn) muss gleichfalls ins Reich der Fantasie verwiesen werden: In keiner der an Universitätsbibliotheken zugänglichen Zeitschriftenregistraturen ist er als Autor verzeichnet. Und war seine Familie *»aktiv am Widerstand gegen Hitler beteiligt«*? Das trifft zumindest auf Karl-Theodors Großonkel Karl Ludwig zu Guttenberg zu, der dem monarchistisch-religiösen Widerstand angehörte; an den Attentaten des 20. Juli war er zwar nicht beteiligt, wurde aber dennoch von der Gestapo im April 1945 verhaftet und ermordet.

Im Übrigen weist die Ankündigung der Carnegie Hall eine merkwürdige Asymmetrie auf: Das Programm kombiniert politische Personalien der XXXL-Klasse, z. B. Holbrooke und Kissinger, mit dem politischen Leichtgewicht Guttenberg – ein sicheres Anzeichen dafür, dass man damals mit ihm in transatlantischen Kreisen noch viel vor hatte ...

Freiherr zu Guttenberg durfte bei »Political Berlin« zudem mit Zeit-/SZ-Herausgeber Josef Joffe, dem Vorstand der Investmentbank Lazard Germany und früheren US-Botschafter John C. Kornblum sowie Richard Holbrooke, Vorsitzender der Berliner American Academy, reden. Die Themen solcher Veranstaltungen spielen eine untergeordnete Rolle. Es geht letztlich stets um den Zustand der deutsch-amerikanischen Beziehungen und etwaige Turbulenzen oder Missverständnisse. Viel wichtiger als alle Äußerungen ist die Signalwirkung, die vom Teilnehmermix solch inszenierter Podiumsdiskussionen ausgeht.

Die American Academy in Berlin

Die Berliner American Academy wurde 1998 von Richard Holbrooke gegründet. Er und Kissinger teilen einige Gemeinsamkeiten, z. B. einen ähnlichen persönlichen Hintergrund sowie eine vergleichbare politische Vergangenheit, beide blicken auf jahrzehntelange Tätigkeiten im Dienste des amerikanischen Imperiums zurück, beide sind bewährte Bulldozer der US-Außenpolitik. Holbrooke war Sondergesandter für Afghanistan und Pakistan, er verstarb überraschend im Dezember 2010. Präsident Obama sparte in Gedenkveranstaltungen nicht mit Belobigungen und bezeichnete ihn als »Titanen«, »Giganten« und als »überragende Gestalt«.

Holbrooke beschrieb das Motiv zur Gründung der American Academy in einem Interview 1999 so: *»Als die amerikanischen Truppen – die berühmte Berlin-Brigade, die Berlin während des gesamten Kalten Krieges bewacht hatte – im September 1994 abzogen, war ich amerikanischer Botschafter in Deutschland, und ich hatte das starke Gefühl, dass wir etwas tun sollten, dass die Truppen ersetzen würde, etwas, das die Menschen in Berlin und den Vereinigten Staaten zusammenbände.«*[30]

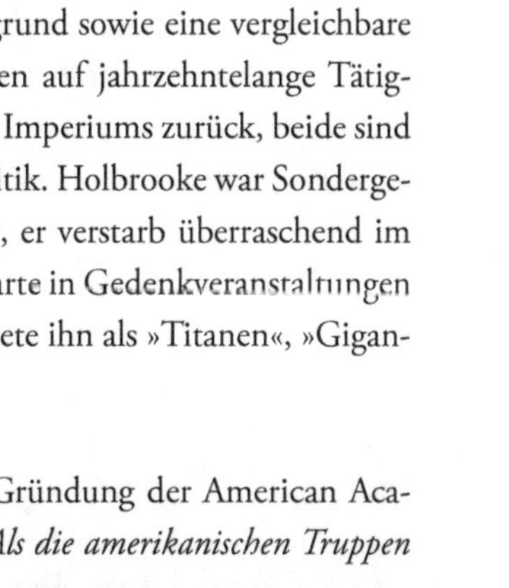

Richard Holbrooke, US-Diplomat (1941–2010): Gründer und einstiger Vorsitzender der American Academy in Berlin

Für Holbrooke, 1993/1994 neun Monate Botschafter in Berlin, war die American Academy eine Art persönliches Projekt. Die Hausseite der Academy erzählt: *»Pläne für die Institution wurden am 9. September*

1994 von US-Vizepräsident Al Gore, dem ehemaligen Außenminister Henry Kissinger und Botschafter Holbrooke verkündet, zusammen mit dem deutschen Bundespräsidenten Richard v. Weizsäcker, dem amerikanischen Anwalt Thomas Farmer und dem damaligen Berliner Oberbürgermeister Eberhard Diepgen.«[31]

Die Selbsteinschätzung der Akademie: *»Seit sie 1998 ihre Türen für die erste Klasse von Berlin-Preis-Stipendiaten öffnete, wurde die American Academy zu einer der vitalsten und effektivsten Institutionen des transatlantischen Dialogs in Europa, die auf dauerhaften Netzwerken in den Vereinigten Staaten und in Deutschland aufbaut.«*

Gleich oben rechts auf der Webseite findet sich zudem folgender Text: *»Wenn Richard anruft und um etwas bittet, sag einfach ja. Wenn du nein sagst, wirst du am Ende bei ja landen, aber die Reise dahin wird sehr schmerzvoll sein. Er war ein großartiger Freund und ein hervorragender Staatsdiener, der besondere Leistungen in jeder Position, die er inne hatte, erbrachte. Es ist ein großer Verlust für unser Land und die Welt.«*

Die American Academy hat einen Henry-Kissinger-Preis ausgelobt. Preisträger 2009: Richard von Weizsäcker. Das Video von der Preisverleihung kann man sich auf der Hausseite der Academy anschauen. Holbrooke führt drei Gründe für die Preisverleihung an: Weizsäcker habe in seiner Rede 1985 rückhaltlos die deutsche Schuld anerkannt und damit eine Wende ausgelöst, er sei ein europäischer »Integrationist« und Anhänger der transatlantischen Idee. Obwohl Holbrooke und Kissinger beide sehr gut Deutsch verstehen und sprechen, antwortet Weizsäcker auf Englisch, arbeitet sich mühsam durch sein Redemanuskript: Es sei eine *»sehr tiefe Befriedigung«* für ihn, *»dieser Institution zu dienen«*, eine *»einzigartige und bewegende Ehre«*. Insbesondere lobt Weizsäcker seinen Vorredner Kissinger. Dessen Bücher lese er wieder und wieder, ähnlich wie die von Churchill. Kissinger sei ein *»Master Teacher of Politics«*.

Man stört das transatlantische Idyll nur ungern mit dem Hinweis, dass Holbrooke wie Kissinger, gelinde gesagt, äußerst umstrittene Personen sind. Holbrooke (Spitzname: »der Bulldozer«) arbeitete Jahrzehnte lang für verschiedene US-Regierungen im Ausland. Stichworte sind: Vietnam, Laos, Kambodscha, Osttimor, Millionen Tote und Verstümmelte, Napalm, Agent Orange, Uranmunition ...

Im Juli 2010 – gerade war das Tagebuch des Afghanistankrieges durch Wikileaks veröffentlicht worden – ließ Holbrooke mit der Bemerkung aufhorchen, er habe ein Kapitel der sogenannten »Pentagon-Papiere« selbst verfasst.[32] Die 1967/68 entstandenen »Pentagon-Papiere«[33] beschreiben, wie Präsident Johnson die amerikanische Öffentlichkeit hinterging und über die wahren Motive des Vietnam-Kriegs völlig im Dunkeln ließ. Sie waren eigentlich nur für den internen Gebrauch bestimmt, wurden dann aber 1971 »geleakt«. Als Holbrooke seinen Teil der »Papiere« schrieb, *»gehörte er einer Abteilung des Nationalen Sicherheitsrats unter Robert Komer an, die für verdeckte Operationen in Vietnam zuständig war, hauptsächlich solche, die politische Morde durchführte«*[34].

Nichtsdestotrotz wird Holbrooke in transatlantischen Kreisen verehrt, nur sein überraschender Tod konnte die anstehende Verleihung des Friedensnobelpreises verhindern. Das Stichwort dazu heißt »Dayton«: der Vertrag unter Federführung der USA und der EU, der die Zerstückelung Jugoslawiens besiegelte, aber auch die innerjugoslawischen Kriege beendete. Allerdings stand die Bombardierung Serbiens 1999 da noch bevor: eine Intervention der NATO unter Führung der Amerikaner, die ohne UNO-Mandat erfolgte. Die Problematik der Uranmunition im Kosovokrieg und in Afghanistan, Drohnen in Afghanistan und Pakistan, Truppenaufstockung – all das ist auch mit dem Namen Richard Holbrooke verbunden. Für echte Transatlantiker allerdings kein Problem, sie suchten stets die Nähe des rauen Alpharüden und fühlen sich in seiner Gesellschaft ausgesprochen wohl. Servilität und Ignoranz amalgamieren bei deutschen Eliten in Anwesenheit solcher transatlantischer »Lichtgestalten«.

Der Kissinger-Test

Transatlantik-Supremo Henry »Heinz« Kissinger ist kein netter älterer Herr. Er ist eine hochproblematische Person mit einer völlig unaufgearbeiteten politischen Vergangenheit, gleichwohl Dauergast und politischer Leuchtturm in unzähligen »Denktanks«, Einflussgremien und Machtzirkeln. Warum?

Der 87-Jährige erfreut sich ungebrochener Vitalität und allseitiger transatlantizistischer Verehrung. Allein Kissinger, so will es scheinen, kann letzte transatlantische Weihen verleihen. Dies wusste offensichtlich auch Karl-Theodor zu Guttenberg, denn er ließ sich gezielt neben »Kissi« ablichten. Wie er das anstellte? Mit einem Kuss. Das Bild war bei »Bild« überschrieben: *»Minister Guttenberg: Küsschen geben, Kissinger hören.«*[35] Das fällt bei Menschen, die nicht ver»Bild«et sind, unter Hundesprache: Pfötchen geben, Küsschen geben, aufs Herrchen hören ... Das Foto ist mittlerweile, wie so viele andere, von Bild.de wieder entfernt worden.

Der Dokumentarfilm »The Trials of Henry Kissinger« (auf Deutsch: »Angeklagt: Henry Kissinger«)[36] *arbeitet die unrühmliche Vergangenheit des Ex-US-Außenministers und Chef-Transatlantikers auf.*

»Bild« hatte am 7.2.2010 berichtet: *»Die entspannte Seite der Politik. Vor der Münchner Sicherheitskonferenz trafen sich auf Einladung des Anwalts Wolfgang Seybold die Freunde des traditionellen ›Dinner of*

German-American-Friendship‹ – einer fast schon familiären Runde.«[37] Guttenberg durfte hier natürlich nicht fehlen.

Es ist schlechterdings unmöglich, sich einem Mann wie Kissinger gegenüber nicht zu positionieren, außer man leidet an fortgeschrittener retrograder Amnesie. Nimmt man höhere Weihen von Kissinger an, wie Guttenberg das tat, so hat man sich im Grunde völlig desavouiert. Es ist folglich erschütternd, wer in unserem Lande schon alles beim traulichen Tête-à-tête mit dem alten »Hohepriester« des Transatlantizismus gesehen wurde, obwohl eine Reihe von Menschenrechtsorganisationen und NGOs seit Jahrzehnten versuchen, diesem »Mr. Teflon« beizukommen. Wenigstens konnte bewirkt werden, dass Kissinger vom Vorsitz der 9/11-Untersuchungskommission zurücktreten musste.

In »The Trial of Henry Kissinger«[38] trug der bekannte britisch-amerikanische investigative Journalist Christopher Hitchens aus freigegebenen Dokumenten Fakten zusammen. Sein Buch wurde 2001 als Serie im anerkannten Harper's Magazin veröffentlicht. Hitchens, ein bekennender Atheist und Befürworter der Irak-Invasion, ist also keineswegs ein Kritiker der US-Außenpolitik an sich.

Er schreibt: *»Es ist schwierig, sich vorzustellen, dass ein pummeliger Mann mit schwarzer Fliege, der 25.000 Dollar für eine Ansprache nach dem Dinner einstreicht, derselbe Mann ist, der die Vernichtung von Zivilbevölkerung, die Ermordung unbequemer Politiker und das Kidnappen und Verschwindenlassen von Soldaten, Journalisten und Klerikern anordnete, die ihm im Wege waren. Aber es ist so.«*[39]

Hitchens Anklage gegen Kissinger: Kriegsverbrechen, Verbrechen gegen die Menschlichkeit, Verstöße gegen internationales Recht, Vietnam, Bangladesch, die illegale Bombardierung von Kambodscha während 160 Tagen ohne Pause, persönliche Planung der Exekution von General Schneider (Chile, Allende), Beteiligung an einem

Mordplan gegen Erzbischof Makarios auf Zypern, grünes Licht für Diktator Suharto für die Invasion Osttimors – die Liste ist endlos.

Der angesehene US-Journalist Seymour Hersh sagte über Kissinger: »*Während die meisten von uns, wenn sie nicht schlafen können, Schäfchen zählen, muss dieser Kerl bis zum Ende seiner Tage verbrannte und verstümmelte kambodschanische und vietnamesische Babys zählen.*«[40]

Gegen Kissinger laufen Gerichtsverfahren[41], u. a. wurde er 2001 von der Familie des ermordeten chilenischen Generals René Schneider in Washington angeklagt, eine Menschenrechtsorganisation aus Chile verklagte ihn ebenfalls, u. a. zusammen mit General Pinochet.

Die Ehrenmedaillen und Preise, die Kissinger – auch in Deutschland – eingeheimst hat, sind Indikator für geistig-moralischen Verfall. Kissinger ist ein Test. Wie so viele andere deutsche Politiker hat auch Guttenberg ihn nicht bestanden ...

Der American Council on Germany

Ein weiteres transatlantisches Einflussgremium, bei dessen Festivitäten und Ausbildungsprogrammen Guttenberg gesichtet wurde, ist der »American Council on Germany«. Der ACG kümmert sich in vielerlei Hinsicht um Deutschland. Er vermittelt u. a. verschiedene Stipendien, etwa für deutsche Journalisten einen Amerikaaufenthalt von bis zu vier Wochen im Jahr, Tagesgeld von 200 Dollar, Flug und Zug inklusive. Der Amerikanische Rat »über« Deutschland ermöglicht Deutschen, die bei ihm ein Lernprogramm absolvieren, Kontakte zu höchsten Kreisen von Hochfinanz, Wirtschaft, Militär, Medien. Ziel ist die stetige Einhaltung des amerikanischen Blickwinkels in Bezug auf das Weltgeschehen sowie die Umsetzung US-amerikanischer Prinzipien in so bedeutsamen Bereichen wie Geostrategie und Wirtschaft (Globalisierung, Finanzen).

Auf der Homepage des ACG[42] liest man nicht umsonst von »Programming«[43], denn hier werden »Young Leaders« (»Junge Führer«) von älteren »Leaders« programmiert. Fotos auf der Seite zeigen als Absolventen Angela Merkel, zu Guttenberg sowie den Ex-Staatssekretär im Verteidigungsministerium Friedbert Pflüger, Erstere vor ihrer »Amtsergreifung«, vermutlich also noch im Modus »Young Leader« im Jahr 2001 oder 2002.

Mit dem Begriff »Führer« haben die Deutschen bekanntlich ein Problem. Wir zucken schon zusammen, wenn wir das Wort nur hören. So werden die Führervokabeln der US-Eliteproduktionsgremien von unseren Medien auch konsequent nicht wörtlich übersetzt. Young Leaders klingt dagegen harmlos und wird allenfalls verniedlichend als »Führungskräftenachwuchs« oder »Entscheidungsträger von morgen« wiedergegeben. Mit der frühzeitigen Beweihräucherung der »Junge-Führer-Schüler« als Young Leaders wird den transatlantischen Nachwuchsschauspielern über einen etwaigen Schmerz hinweggeholfen: erkennen zu müssen, dass sie eigentlich nur »Young Followers« sind.

Der Amerikanische Deutschlandrat tagt und berät quasi permanent; ein besonderes Herzensanliegen ist ihm, die Verständigung der Finanzeliten beider Länder zu fördern, denen der Rat eine Art Dauerforum bietet. Deutsche und amerikanische Großbanken wie die Deutsche Bank, Goldman Sachs oder Vertreter der Federal Reserve (FED) sind dort bestens repräsentiert. Wen traf Guttenberg auf dem Höhepunkt der Opel-Krise im März 2009 bei seiner ersten USA-Reise als Erstes? George Soros, den großen, alten »Finanzspekulatius«, sowie *»die Chefs der drei größten amerikanischen Banken«*, so die »Berliner Zeitung« vom 17.3.2009.[44] Erst am folgenden Tag suchte er US-Finanzminister Timothy Geithner auf. Man wunderte sich, was für eine gute Figur Guttenberg in New York gemacht habe, dabei kannte Guttenberg diese Kreise als Young-Leaders-Schüler seit Jahren bestens.

Präsident des ACG ist – Henry Kissinger! Die Liste der »Lecturers« (Dozenten) einer Konferenz vom 12./13.1.2006 in Washington D. C. unter dem Motto »A High-Level Conference – The United States, Germany, and Europe: Building a Global Agenda« zeigt ein typisches Teilnehmermix: Alan Greenspan, Vertreter von JP Morgan und Goldman Sachs, Madeleine Albright, Angela Merkel usw.[45] Bundeskanzlerin Merkel betonte, dass sie an einer engen Kooperation mit George W. Bush interessiert sei. Jedwedem Thema werde sie mit einer pragmatischen Haltung begegnen, versprach sie. Anliegen der Veranstaltung war das gemeinsame Bauen an einer globalen Agenda und die Forderung eines wesentlich höheren Beitrags Deutschlands daran sowie an zukünftigen militärischen Anstrengungen.

Der damalige US-Botschafter Robert Kimmitt hielt bei nämlichem Politevent eine Rede, in der er seine Besorgnis über die deutsche Debatte um Hedgefonds[46] äußerte. Diese halte er für gefährlich – eine interessante Einlassung zwei Jahre vor der internationalen Finanzkrise, eingeleitet durch den Crash der Lehman Brothers Investmentbank.

Kommen wir zum Young-Leaders-Programm, dessen Aufgabe vom ACG wie folgt beschrieben wird: *»Der American Council on Germany bemüht sich um die nächste Generation von Entscheidungsmachern und Meinungsführern, indem er Konferenzen organisiert, um sie mit transatlantischen Schlüsselthemen bekannt zu machen und sie in die Lage zu versetzen, ein Netzwerk von Kontakten über den Atlantik hinüber zu errichten. Die amerikanisch-deutschen Young-Leaders-Konferenzen bringen ungefähr 50 Deutsche und Amerikaner zusammen, sie finden alljährlich statt. Die erste Lerngruppe über die Zukunft Europas versammelte 37 junge Führer aus Westeuropa, Polen, Russland und den Vereinigten Staaten über zwei Jahre hinweg viermal.«*[47]

Aktiv netzwerken – darauf wird bei den Trainingsprogrammen Wert gelegt. Es gibt eine schier unübersehbare Anzahl von »Elite-brütenden« Einflussgremien: All diese »Academies«, »Councils«, »Foundations« und »Panels« tun recht neutral und »independent«, jedoch ist es mit der Unabhängigkeit nicht weit her, was man unschwer erkennen kann, sobald der Theaternebel sich verflüchtigt hat.

Auf der Hausseite des American Council on Germany liest man über die wirklichen Ziele: *»Der ACG ist in der einzigartigen Position, einer großen Zuhörerschaft Angelegenheiten vorzustellen, die auf beiden Seiten des Atlantiks von gemeinsamem Interesse sind. Durch seine Aktivitäten in New York und bei seinen 18 Eric-Warburg-Untergruppen kann der ACG hochrangige Wirtschaftsleute und Politikmacher aus dem ganzen Land erreichen und auch Menschen aus dem eigentlichen Amerika über deutsche und europäische Angelegenheiten informieren.«*

Der ACG initiierte eine Serie von Veranstaltungen in Washington D. C. mit dem Ziel, *»das Engagement von Young-Leaders-Alumni und*

ACG-Mitgliedern für transatlantische Themen aufrechtzuerhalten. Mit seiner breit gefächerten Mitgliederschaft, Erfahrung sowie Kontakten in Regierung, Industrie, im akademischen Bereich und in den Medien ist der Rat auf einzigartige Weise ausgestattet, um vielfältigste Aktivitäten durchzuführen. [...]

Young Leaders sind hinausgegangen, um hochrangige Mitglieder der US- und der deutschen Regierung, des Kongresses und des Bundestages, der Europäischen Gemeinschaft sowie von Bezirks- und Stadtregierungen oder um militärische Führer und Leitartikelschreiber zu werden. Unter den ehemaligen Schülern finden sich US-Senator Charles Schumer (1975), der deutsche Botschafter in den Vereinigten Staaten Wolfgang Ischinger (1978) [auch Vorsitzender der Münchner Sicherheitskonferenz], der ehemalige Bundesminister Matthias Wissmann (1982), der Bundestagsabgeordnete Friedbert Pflüger (1982), der ehemalige stellvertretende Handelsminister Kenneth Juster (1985) und der Direktor der Haushaltsbehörde [und Goldmann Sachs Investment Banker] Josh Bolten (1988).«[48]

Warum sollen sich Politiker, Banker, Medienbosse, Militärs und Konzernchefs nicht transatlantische Zöglinge erwählen dürfen? Das Heranzüchten deutscher »Young Leader« und »Meinungsmacher« im Sinne neoliberaler und neokonservativer Interessen wäre an sich völlig unproblematisch, wenn es denn von den Medien transparent gemacht und in der Öffentlichkeit diskutiert würde. Dies wird jedoch entscheidend dadurch erschwert, dass zahlreiche Mediengrößen und Journalisten ebenfalls einschlägige Trainingsprogramme durchlaufen haben. Finanzkräftige Kooperationspartner wie die »Bucerius-Stiftung« (»Zeit«-Herausgeber) und die »Axel Springer AG« sorgen dafür, dass sich in Deutschland an dieser fragwürdigen Situation nichts ändern wird.

Die beschriebene Netzwerkerei dient einer politischen Agenda, deren wichtigste Ziele lauten:

- den »Antiamerikanismus« einzudämmen bzw. das, was man als solchen definiert, nämlich jedwede Kritik an der Ausrichtung amerikanischer Außenpolitik, die einem anderen Blickwinkel entspringt als dem, welcher von den besagten Einflussgremien toleriert wird. Standpunkte, die auf eine unterschiedslose Anwendung des internationalen Völkerrechtes, die unterschiedslose Anwendung von Menschenrechten und – besonders im Kriegsfalle – der Genfer Konventionen pochen, sind unerwünscht;
- amerikanische Interessen als im Prinzip deckungsgleich mit den Interessen der Deutschen bzw. Europäer zu definieren;
- die möglichst vollständige Einbindung und Inverantwortnahme der Deutschen im Sinne amerikanischer Sicherheitspolitik;
- Kampf gegen die größte Gefahr: das Konzept de Gaulles von einem Europa der Vaterländer mit einer »Achse« Paris-Berlin-Moskau, die sich während der Regierung Schröder bedrohlich abzeichnete; unversöhnliche Bekämpfung solcher und ähnlicher europäischer Strömungen.

Der häufig verwendete Begriff »amerikanisch« ist natürlich ungenau, denn eigentlich steht er lediglich als Deckname für bestimmte Gruppeninteressen, die mit dem amerikanischen Volk und dessen Interessen wenig gemein haben. Daher sind Diskussionsthemen des CFR oder des ACG über vermeintlichen »Antiamerikanismus« nur sprachliche Verwirrspiele, in denen der Außenpolitik-Leader Henry Kissinger wie immer Meister ist: *»Globalisierung ist nur ein anderes Wort für US-Herrschaft.«*[49]

Die nicht zuletzt von Gremien wie dem ACG angestoßene und in den vergangenen Jahren von allen Medien in Deutschland quasi einhellig beschworene Notwendigkeit einer Globalisierung mitsamt neoliberaler Deregulierung der Finanzmärkte entpuppt sich somit als eine bewusst von transatlantisch inspirierten »Meinungsmachern« und »Entscheidungsträgern« eingeläutete Epoche, der durch entsprechende Trainings- und Schulungsprogramme der Weg bereitet wurde. In Zeiten von Finanz- und Eurokrise finden wir uns daher in der merkwürdigen Situation, dass Mitglieder der Gremien, die mit ihrer Forderung nach Neoliberalismus die Krise erst herbeigeführt haben, diese nun mit denselben Personen und Mitteln beheben sollen.

Beim American Council on Germany, wie bei allen anderen transatlantischen Organen, werden aktuelle Probleme oder akute Konflikte im deutsch-amerikanischen Verhältnis nicht ausdiskutiert – wie es unter echten Freunden normal wäre –, sondern stets beschwichtigt bzw. kleingeredet. Auf Seite 3 des »Transatlantic Dialogue«, dem Newsletter des ACG, Ausgabe 1/2005, lesen wir z. B.: *»Young Leaders Alumnus und Bundestagsmitglied Karl-Theodor Freiherr von und zu Guttenberg (CSU) sprach vor der Versammlung in der Staatsbibliothek über die zunehmende Komplexität und gelegentliche Turbulenzen in der deutsch-amerikanischen Beziehung.«*[50] Guttenberg bewies schon damals seine Meisterschaft im Abwiegeln, wie es offenbar von den Transatlantikern selbstverständlich erwartet wird.

Festzuhalten bleibt: Guttenberg kommt neben seiner Herkunft aus altem deutschen Adel noch aus einem anderen »Zuchtstall«, der ihn viel nachhaltiger geprägt haben dürfte. Er entspringt einem US-amerikanischen politischen Zöglingsprogramm für deutsche (und europäische) Eliten und wurde 2009 erfolgreich in einer »Leading Position« implementiert. Nach Angela Merkel heißt es daher in Deutschland ein weiteres Mal: »Mission Accomplished« – jedenfalls bis zu Guttenbergs abruptem und ungeplantem Abgang aufgrund der Plagiatsaffäre; es ist jedoch ein offenes Geheimnis, dass er in Kürze in die Politik zurückkehren soll.

Im Folgenden werden einige Namen (in alphabetischer Reihenfolge) aufgelistet, die mit dem American Council on Germany auf die ein oder andere Art und Weise verbunden sind – Mitglieder, Sympathisanten, Young Leaders:[51]

Kurt Biedenkopf (ehem. sächsischer Ministerpräsident, CDU)
Reinhard Bütikofer (ehem. Grünen-Vorsitzender)
Gerhard Cromme (Vorsitzender des Aufsichtsrats Thyssen-Krupp und Siemens, Mitglied des Aufsichtsrats von Allianz, Lufthansa, E.ON, Axel Springer AG, Suez, BNP Paribas)
Joschka Fischer (ehem. Außenminister und Vizekanzler, Gründungsmitglied und Vorstand des European Council on Foreign Relations, ehem. Grünen-Vorsitzender)
Klaus Dieter Frankenberger (Chef Außenpolitik-Ressort der »FAZ«, Mitglied der Trilateralen Kommission)
Sigmar Gabriel (Parteivorsitzender SPD)
Ulrike Guérot (Forschungsstipendiatin und Chefin der Berliner Zentrale des European Council on Foreign Relations)
Karl-Theodor zu Guttenberg (ehem. Wirtschafts- und Verteidigungsminister, CSU)
Hubertus Heil (stellv. SPD-Fraktionsvorsitzender)
Richard Holbrooke (ehem. US-Botschafter in Deutschland, Gründer der American Academy sowie Sondergesandter in Afghanistan und Pakistan)
Werner Hoyer (stellv. FDP-Fraktionsvorsitzender, seit 2009 Staatsminister beim Außenministerium)
Wolfgang Ischinger (ehem. deutscher Botschafter in den USA, Vorsitzender der Münchner Sicherheitskonferenz)
Josef Joffe (Mitherausgeber der »Zeit« und zeitweise Chefredakteur, Vorsitzender des Rabbinerseminars Abraham Geiger)
Henry Kissinger (ehem. US-Außenminister, ehem. Sicherheitsberater des Weißen Hauses, Friedensnobelpreisträger)
Eckart von Klaeden (Staatsminister bei der Bundeskanzlerin, CDU)
Hans-Ulrich Klose (bis Januar 2011 Koordinator für deutsch-amerikanische Zusammenarbeit, ehem. Hamburger Bürgermeister, SPD)

Roland Koch (ehem. hessischer Ministerpräsident, CDU)
John C. Kornblum (ehem. US-Botschafter)
Norbert Lammert (Bundestagspräsident, CDU)
Angela Merkel (Bundeskanzlerin, CDU-Parteivorsitzende)
Friedrich Merz (Atlantik-Brücke-Chef, CDU)
Klaus Naumann (General a. D., bis 1999 Vorsitzender des NATO-Militärausschusses, ehem. Generalinspekteur der Bundeswehr, CSU)
Michael Naumann (Chefredakteur von »Cicero«, früher Mitherausgeber der »Zeit«, SPD)
Klaus Christian Malzahn (vormals »Spiegel« – Politikressort bis 2010 –, Wechsel zur »Welt« als stellvertretender Politikchef)
Georg Milbradt (ehem. sächsischer Ministerpräsident, CDU)
Özkan Mutlu (Mitglied im Berliner Abgeordnetenhaus)
Cem Özdemir (Grünen-Vorsitzender)
Klaus Scharioth (deutscher Botschafter in den USA)
Rudolf Scharping (ehem. Verteidigungsminister, SPD)
Brent Scowcroft (ehem. Sicherheitsberater unter verschiedenen US-Präsidenten, Generalleutnant a. D.)
Helmut Schmidt (ehem. Bundeskanzler, SPD)
Constanze Stelzenmüller (Direktorin Berlin-Büro des German Marshall Fund)
Theo Sommer (ehem. Herausgeber der »Zeit«)
Fritz Stern (Professor für Geschichte und Buchautor)
Peter Struck (ehem. Verteidigungsminister und ehem. Fraktionsvorsitzender der SPD)
Michael Stürmer (Historiker, Chefkorrespondent der »Welt«, politischer Berater von Kanzler Kohl in den 1980ern)
Rita Süssmuth (ehem. Bundestagspräsidentin, ehem. Familienministerin, CDU)
Karsten D. Voigt (Koordinator der Bundesregierung für deutsch-amerikanische Zusammenarbeit, SPD)
Paul Volcker (ehem. Vorsitzender der Federal Reserve Bank)
Axel Weber (ehem. Bundesbankvorstand und ehem. Vorstandschef Deutsche Bank)

Guido Westerwelle (Außenminister, ehem. FDP-Parteivorsitzender)
Klaus Wowereit (Berliner Bürgermeister, SPD)
Dieter Zetsche (Vorstandsvorsitzender Daimler-Chrysler)
Robert Zoellick (Präsident der Weltbank, Direktor der Strategie-Gruppe des Aspen-Instituts, Mitglied des Council on Foreign Relations und der Trilateralen Kommission)

Der Wahlkreis 240

Kehren wir nach Deutschland zurück, genauer gesagt, nach Franken, dorthin, wo die Guttenburg steht, in den Wahlkreis 240, für den Karl-Theodor zu Guttenberg 2002 in den Deutschen Bundestag einzog – i. d. R. eine unabdingbare Voraussetzung für jede weitere politische Karriere. Zunächst aber müssen verschiedene Sprossen auf der Leiter erklettert werden. Das geht üblicherweise vom Vorsitz des Ortsverbandes über den Kreisvorstand, den Bezirksvorstand sowie den Landesvorstand; in Ausnahmefällen schließt das Ganze mit dem Titel »Generalsekretär« ab. Parteipolitik ist mühsam und zeitaufwendig – nicht umsonst nennt man eine derartige Karriere auch »Ochsentour«.

Dr. Bernd Protzner (geb. 1952): wurde von zu Guttenberg in seinem angestammten Wahlkreis beerbt

Nichts für jemanden, der ein »Shooting«-Star werden soll. Dazu braucht es eher eine Überholspur. Ein Problem in diesem Zusammenhang ist, dass es länger gediente »Parteisoldaten« gibt, die ältere Ansprüche auf Ämter anführen und auch durchsetzen können, da sie bei ihrem Parteivolk seit Jahren bekannt und beliebt sind. Ein typisches Beispiel ist der Wahlkreis 240, Kulmbach-Bamberg-Lichtenfels, der seit Jahren von einem politischen Schwergewicht geführt wurde: Die Rede ist von Dr. Bernd Protzner. Protzner war bereits 1968 in die CSU eingetreten und hatte es zwischen 1995 und 1998 sogar zu deren Generalsekretär gebracht. Er saß von 1990 bis 2002 im Deutschen Bundestag; sein Wahlkreis Kulmbach wählte ihn drei Wahljahre in Folge (1990, 1994, 1998) mit großer Mehrheit als Direktkandidaten. Eine sichere Bank also, dachte sich wohl auch Protzner, aber das sollte er später noch bereuen ...

Wahlkreis 240 Kulmbach, Anteil der Erststimmen[52]:

1990 Bernd Protzner CSU 56,5 %

1994 Bernd Protzner CSU 53,3 %

1998 Bernd Protzner CSU 49,7 %

2002 Karl-Theodor zu Guttenberg CSU 63,0 %

2005 Karl-Theodor zu Guttenberg CSU 60,0 %

2009 Karl-Theodor zu Guttenberg CSU 68,1 %

Wie kann man theoretisch an das sicherere Direktmandat im Wahlkreis eines altgedienten und mächtigen Parteimitglieds gelangen bzw. diesen zur Aufgabe des Mandates bewegen? Die »Welt« schrieb am 21.1.2002 in einem sehr offenherzigen Artikel (»Protzner lässt nach Vorwürfen CSU-Kreisvorsitz ruhen«[53]) im Rückblick, als alles schon vorbei war:

»Der frühere CSU-Generalsekretär und Kulmbacher Bundestagsabgeordnete Bernd Protzner lässt bis zur Klärung der ihm angelasteten ›Steueraffäre‹ sein Amt als CSU-Kreisvorsitzender ruhen, das Mandat behält er jedoch. Protzner zur WELT: ›Ich werde jetzt in dem Steuerstreit meine Position mit allen rechtsstaatlichen Mitteln verteidigen.‹ Trotz Warnungen hat Protzner zu spät gemerkt, dass es sich beim ungewöhnlichen Vorgehen von Finanzamt und Staatsanwaltschaft offenbar um ein Abschuss-Manöver handelt: ›Mein Fehler war, dass ich es zuerst nicht glauben wollte, wie systematisch aus der eigenen Partei Druck auf mich gemacht wird, und habe mich deshalb zu spät gewehrt.‹

Die ›Steueraffäre Protzner‹ zeigt, wie unerbittlich in der CSU um Wahlkreise und Mandate gekämpft wird. Es stellt sich immer mehr heraus, dass die Verbreitung dieser Anschuldigungen kurz vor Abschluss der verzögerten ›Ermittlungen‹ der Staatsanwaltschaft Hof offenbar zwei Ziele verfolgt: Protzner zum Verzicht auf sein Mandat zu bringen.«

Worum ging es? 2001 tauchten plötzlich Vorwürfe gegen Protzner im Zusammenhang mit einer Steuerhinterziehung auf, die angeblich zehn Jahre zuvor (1991/92) begangen worden war.

Die »Welt« weiter: *»Protzner, der in Coburg mit seiner Frau eine geerbte Karosserie-Firma betreibt, hat darauf arglos mehrere Fehler gemacht. Es war schon sehr ungewöhnlich, dass das Finanzamt Coburg bei der bereits insolventen Baufirma Dechant, die bei Protzner Bauaufträge ausgeführt hat, noch eine Betriebsprüfung gemacht hat. Man suchte offensichtlich nur in Sachen Protzner, konfrontierte diesen aber weder mit Rückfragen noch Vorwürfen. Er erfuhr im Sommer 2001 von der Staatsanwaltschaft, dass gegen ihn ermittelt wird.«*

Protzner wurde unterstellt, bei einem privaten Bauvorhaben eine »verdeckte Gewinnausschüttung« begangen zu haben, obwohl dafür offensichtlich gar keine Beweise vorlagen.

»Der Vorwurf: Protzner habe 1991 beim Anbau eines Wintergartens an sein Einfamilienhaus in Kulmbach nicht, wie angegeben und bezahlt, 150.000 Mark verbaut, sondern 700.000 und so ›verdeckte Gewinnausschüttung‹ aus der Firma begangen. Obwohl ein Kostenvoranschlag von nur 122.000 Mark vorlag, hat das Finanzamt ohne Augenschein erst Strafanzeige erstattet und dann mangels Beweisen 200.000 Mark für eine ›tatsächliche Verständigung‹ verlangt. Die Anwälte Protzners rieten trotz der horrenden Summe zur Zahlung ohne Rechtsstreit, weil für einen Politiker schon ein Verfahren existenzgefährdend sein könne, auch wenn er am Ende gewinnt. Doch der Staatsanwalt hat weder nach der ›Verständigung‹ [Protzner zahlte in Panik 100.000 Euro] das Ver-

fahren eingestellt noch durch Augenschein oder Gutachten die unterstellten Anbau-Kosten von 700.000 überprüft, sondern nur abgewartet. Offenbar um einer Einstellung des Verfahrens zuvor zu kommen, wurde daraufhin wiederum anonym die Presse informiert, was Protzner und den Staatsanwalt unter Druck setzte.«

Erfahren wir weiter, wie ein verdienter CSU-Mann aus seinem Amt gedrängt wird. *»Nicht zufällig ist der CSU-Bezirkschef von Oberfranken Umweltminister Werner Schnappauf der schärfste Kritiker Protzners. Er hält eifrig die ›katastrophale Affäre‹ am Kochen: Er hat weder Landtagsmandat noch Stimmkreis. Wenn er als einer der schwächsten Minister Stoibers nicht mehr ins Kabinett käme, stünde er vor dem Arbeitsamt. Karl-Theodor Freiherr von und zu Guttenberg würde gern Protzner als Kreisvorsitzender beerben und dafür sorgen, dass Schnappauf in Kulmbach für das Landtagsmandat eines ausscheidenden Abgeordneten kandidiert. Als Bewerber steht der Landtagsabgeordnete Christian Meißner im benachbarten Lichtenfels schon bereit: Könnte er Protzners Bundestagsmandat abjagen, würde sein Landtags-Stimmkreis für Schnappauf frei.«*

Am 10. April 2002 schließlich ist es so weit, die Nachrichten melden: *»Bernd Protzner: Der ehemalige CSU-Generalsekretär steht vor dem politischen Aus. [...] Große Teile der CSU gehen deutlich auf Distanz zu dem ehemaligen Generalsekretär der Partei. Für die Nominierung des Direktkandidaten zur Bundestagswahl am kommenden Samstag schickt sowohl die Kulmbacher CSU als auch der Kreisverband Lichtenfels andere Bewerber ins Rennen [z. B. Karl-Theodor zu Guttenberg]. Die Bamberger halten zwar offiziell noch an Protzner fest. Seine erneute Nominierung soll aber von der Einstellung des Ermittlungsverfahrens gegen ihn abhängig gemacht werden. Mit einer Entscheidung darüber ist aber nach Angaben des Leitenden Oberstaatsanwaltes Heinz-Bernd Wabnitz nicht bis Samstag zu rechnen. Protzner war wegen angeblicher Steuerhinterziehung in die Kritik geraten.«*[54]

Protzner hatte keine Chance. Ministerpräsident Stoiber wollte Guttenberg offensichtlich »durchwinken« und gleichzeitig seinem Umweltminister Schnappauf mit einem Anschlussmandat aus der Patsche helfen.

Stoiber, der Förderer Guttenbergs, wurde, wie man vielleicht schon ahnt, des Öfteren auf Veranstaltungen des American Council on Germany als Vortragender gesichtet, so etwa im März 2005: »*Transatlantic Relations in a Global Economy: Observations from the Heart of Europe [...] His Excellency the Minister-President of the Free State of Bavaria, Dr. Edmund Stoiber [...] In cooperation with the Hanns Seidel Stiftung in Washington, D. C.*«[55]

Vera Lengsfeld, CDU-Politikerin aus Berlin, ehemalige DDR-Bürgerrechtlerin und Trägerin des Bundesverdienstkreuzes, schrieb am 26.12.2006 in einem Artikel über die CSU-Affäre um Stoiber, Guttenberg, Schnappauf und Protzner mit der Überschrift »Stoiber ist eine Gefahr für die demokratische Kultur«: *»Man muß die Stoiberkritikerin Pauli nicht mögen, man kann ihre eitle Medienkampagne sogar nervig finden. Aber eines steht fest: in der Sache hat sie recht. In einer Partei sollten Methoden, wie sie ihr gegenüber zur Anwendung kamen ohne wenn und aber tabu sein. Stoiber hat nun die Flucht nach vorn angetreten, seinen Mitarbeiter geschasst und behauptet, er hätte von dessen Umtrieben nichts gewusst. Das ist für alle, die den Betrieb in der CSU kennen, in höchstem Maße unglaubwürdig ...*

CSU-Bundestagsabgeordnete sprechen hinter vorgehaltener Hand von ›Stoibers Friedhof‹, auf dem jeder landen kann, der eine abweichende Meinung vertritt. Manchmal gibt es dafür auch andere Gründe. Erinnert sich noch jemand an Bernd Protzner? Protzner war mal Generalsekretär der CSU und Inhaber des Bundestagswahlkreises Kulmbach. Sein Amt musste er abgeben, als Stoiber einen Posten für eine Personalrochade brauchte. Das kann jedem in jeder Partei passieren und wäre nicht der Rede wert, wenn Protzner nicht auch noch seinen Wahlkreis verloren hätte, als Stoiber den jungen Karl-Theodor Freiherr zu Guttenberg im Bundestag haben wollte. Als Protzner nicht bereit war, seinen Wahlkreis ohne weiteres abzugeben, hatte er eine Steueraffäre am Hals. Die Zeitung, die diese Kampagne startete, bekam ihre Informationen nach der glaubwürdigen Aussage eines leitenden Redakteurs aus der bayrischen Staatskanzlei. Protzner verlor seinen Wahlkreis und Stoiber bekam seinen Lieblingskandidaten. Mit Demokratie hat ein solches Verfahren nichts zu tun, eher mit feudalistischem Machtmissbrauch. Für die demokratische Kultur unseres Landes wäre es besser, wenn solche Methoden auf ›Stoibers Friedhof‹ landeten – und nicht die Opfer solcher landesfürstlichen Selbstherrlichkeit.«[56]

Protzner war Ende März 2003 zu einer zehnmonatigen Bewährungsstrafe und einer Geldbuße von 15.000 Euro verurteilt worden, obwohl er bereits 100.000 Euro an das Finanzamt überwiesen hatte, die er vergebens zurückforderte.

Und was macht Bernd Protzner heute? Es hat ein wenig den Anschein, als habe man seine ihm geschlagenen Wunden mit einem dicken Pflaster überklebt: Er ist nämlich Leiter eines Karrieredienstes namens »Career Service«[57] an der stark CSU-umwölkten Universität Bayreuth (gegründet 1975), genau jener Universität, an der Karl-Theodor seine umstrittene Doktorarbeit eingereicht hatte, die unter Plagiatsverdacht steht (Stand April 2011: 371 von 393 Seiten der Doktorarbeit sind vom Kopieren-ohne-zitieren-Verdacht betroffen).

Guttenbergs Doktorvater Peter Häberle, emeritierter Professor für Öffentliches Recht, Rechtsphilosophie und Kirchenrecht der Universität Bayreuth, erhielt übrigens 2007, in dem Jahr, als Guttenbergs Arbeit endlich fertig war, den Bayrischen Verdienstorden aus der Hand Edmund Stoibers. Alles Zufall?

Teil II

Die Atlantik-Brücke und ihr Young-Leaders-Programm

Nachdem im ersten Teil die Rolle von Elitenetzwerken wie das American Council on Germany (ACG), die American Academy, der Council on Foreign Relations (CFR) und sein deutscher Ableger, der Deutschen Gesellschaft für Auswärtige Politik (DGAP), beleuchtet wurde, wollen wir nun das transatlantische Elitegremium »Atlantik-Brücke« mit seinem eigenen Young-Leaders-Ausbildungsprogramm kritisch betrachten.[58] Guttenberg wurde dort 2002 – direkt nach seiner Wahl in den Deutschen Bundestag und seiner Berufung in den Auswärtigen Ausschuss – aufgenommen.

Der Politiker fühlte sich laut eigenen Angaben *»geehrt, als einer von wenigen europäischen Politikern diesen Kreisen angehören zu dürfen, die sich ausschließlich aus Spitzenkräften zusammensetzen.«* Weiter lässt er verlauten: *»Beide in Berlin ansässige Institute [die Atlantik-Brücke und das Aspen-Insitut] haben sich seit Jahrzehnten insbesondere der Pflege der transatlantischen Beziehungen verschrieben. Eingebettet seien diese Gremien mit bewusst begrenzter Mitgliederzahl in ›durch viele Jahrzehnte verantwortungsvoller Arbeit gewebte Netzwerke‹ der beiden Institute. In der Atlantik-Brücke sind die außenpolitischen Führungskräfte aus Deutschland und den Vereinigten Staaten ebenso vertreten wie etwa die Spitzen der großen deutschen Parteien, Bundespräsidenten, ehemalige Bundeskanzler, Spitzenmanager und Topjournalisten. [...] Zu Guttenberg zeigte sich besonders erfreut über seine Berufung in die Gruppe der sogenannten ›Young Leaders‹ in beiden Instituten. Der Abgeordnete führte aus, dass es sich hierbei um einen ausgewählten Kreis von jungen Führungskräften bis ca. 40 Jahre aus Deutschland und den USA handele, die sich aus allen gesellschaftlichen Bereichen, vor allem aus Wirtschaft, Politik und Journalismus rekrutieren.«*[59]

Bewusst begrenzte Mitgliederzahl, Young Leaders, gewebte Netzwerke – benötigt eine Demokratie tatsächlich diese Art von Machtzirkeln?

Ein Mann, Mitglied des Auswärtigen Ausschusses, der über Leben und Tod deutscher Soldaten in Afghanistan entscheidet, lässt sich in ein »Junge-Führer«-Programm aufnehmen – nur eine Stilfrage?

Laut Selbstauskunft der Atlantik-Brücke ist eine ihrer Hauptaufgaben die Erwählung und Ausbildung von Young Leaders. *»Seit fast 40 Jahren bringt die Atlantik-Brücke junge deutsche und amerikanische Führungskräfte zu einwöchigen Konferenzen zusammen. Es ist ihr gelungen, die früheren Konferenzteilnehmer in einem einzigartigen Netzwerk zusammenzufassen, aus dem zahlreiche persönliche Freundschaften und wichtige berufliche Kontakte auf beiden Seiten des Atlantiks entstanden sind.«*[60]

Das unlängst gegründete »Atlantik Forum« kümmert sich ganz besonders um den Zusammenhalt der Young-Leaders-Alumni und sorgt damit für Stabilität und Kontinuität innerhalb des Netzwerkes. Koordinatorin ist Beate Lindemann, langjährige rechte Hand von Walther Leisler Kiep, dem Ehrenvorsitzenden der Atlantik-Brücke.

Seit 2001 gibt es zusätzlich zu den deutsch-amerikanischen auch europäische Young-Leaders-Konferenzen. Das erfolgreiche deutsche Modell wurde auf ganz Europa übertragen: *»Die alle zwei Jahre stattfindenden europäisch-amerikanischen ›Young Leaders‹-Alumni-Konferenzen und regelmäßige ›Atlantik-Gespräche‹ in verschiedenen deutschen, europäischen und amerikanischen Städten festigen und erweitern die Verbindungen zwischen den Mitgliedern des Netzwerkes. Durch das ›Young Leaders Online Directory‹ bleiben die ›Young Leaders‹-Alumni in Kontakt und es trägt dazu bei, Freundschaften und berufliche Verbindungen zu stärken. Durch die Aufnahme von ›Young Leaders‹ in den Mitgliederkreis der Atlantik-Brücke verjüngt sich der*

Verein ständig und ermöglicht damit die Fortsetzung der erfolgreichen Arbeit der Atlantik-Brücke.«

Stolz zieht die Atlantik-Brücke Bilanz: »›*Young Leaders*‹*-Alumni sind heute in führenden Positionen in der Regierung der USA und Deutschlands, im amerikanischen Kongress und im Deutschen Bundestag sowie auf der Ebene der Bundesstaaten bzw. Bundesländer, in der Europäischen Union, aber auch in der Wirtschaft und den Verbänden, in den freien Berufen oder im Militär tätig.«* Das Netzwerk steht unter dem Motto: »*Once a Young Leader, always a Young Leader*«.

Gremien der Atlantik-Brücke e. V.

GRÜNDER

Eric M. Warburg (gestorben 9. Juli 1990)

EHRENVORSITZENDER

Dr. h. c. Walther Leisler Kiep, Vorsitzender der Atlantik-Brücke von 1984 bis 2000

EHRENMITGLIED

Dr. Richard von Weizsäcker, Bundespräsident von 1984 bis 1994

GESCHÄFTSFÜHRENDER VORSTAND

Vorsitzender:

Friedrich Merz, Mayer Brown LLP, Berlin

Stellvertretende Vorsitzende:

Prof. Dr. Burkhard Schwenker

Roland Berger, Strategy Consultants GmbH, Hamburg

Edelgard Bulmahn, MdB, Deutscher Bundestag, Berlin

Schatzmeister:

Prof. Dr. Andreas R. Dombret,

Deutsche Bundesbank, Frankfurt am Main

Geschäftsführerin:
Eveline Y. Metzen

WEITERE VORSTANDSMITGLIEDER
Kai Diekmann, »Bild«/»Bild am Sonntag«, Berlin
Jürgen Fitschen, Deutsche Bank AG, Frankfurt am Main
Angela Gifford, Microsoft Deutschland GmbH, Unterschleißheim
Dr.-Ing. Jürgen R. Großmann, RWE Aktiengesellschaft, Essen
Dr. Ingrid Hengster, Royal Bank of Scotland plc, Frankfurt am Main
Professor Dr. Michael Hüther, Institut der deutschen Wirtschaft, Köln
Wolfgang Ischinger, Allianz SE, München
Eckart von Klaeden, MdB, Bundeskanzleramt, Berlin
Alexander Graf Lambsdorff, MdEP, Europäisches Parlament, Brüssel
Christian Lange, MdB, Deutscher Bundestag, Berlin
Dr. Beate Lindemann, Atlantik Forum e. V., Berlin
Omid Nouripour, MdB, Deutscher Bundestag, Berlin
Lawrence A. Rosen, Deutsche Post AG, Bonn
Michael Zissis Vassiliadis, Industriegewerkschaft Bergbau, Chemie, Energie, Hannover
Max M. Warburg, M. M. Warburg & CO, Hamburg
Prof. Dr. Roland Wöller, MdL, Sächsisches Staatsministerium für Kultus und Sport, Dresden

(Angaben gemäß Homepage der Atlantik-Brücke[61])

Im Jahresbericht 2009/2010 blickt die Brücke befriedigt auf ihre Erfolge zurück: *»Die besondere Stärke der Atlantik-Brücke liegt in ihrer kleinen, homogenen, überparteilich denkenden und überaus motivierten Mitgliederschaft. Es sind nur rund 500 Persönlichkeiten des öffentlichen Lebens – aus Wirtschaft, Politik, Wissenschaft und den Medien –, mit deren ideeller, finanzieller und fachkundiger Unterstützung wir stets rechnen können. Besonders erwähnenswert: Sie nominieren Kandidaten für unsere jährlichen ›Young Leaders‹-Konferenzen und investieren da-*

mit in die nächste Generation von Atlantik-Brücke-Mitgliedern. Jedes Jahr rekrutieren wir rund hundert neue ›Young Leaders‹ – 30 Amerikaner, 30 Deutsche und 40 weitere Europäer. Heute hat dieses ›Young Leaders‹-Netzwerk mehr als 1.700 Mitglieder und gehört zu den aktivsten seiner Art in Deutschland [vgl. auch Kasten unten]. Der Bundespräsident, der Bundesinnenminister und der Bundesverteidigungsminister, aber auch andere Mitglieder der Bundesregierung im weiteren Sinne und des Bundestages sowie Spitzenvertreter der deutschen Wirtschaft und führende Journalisten sind als ›Young Leaders‹-Alumni Beispiele dafür, welche Früchte dieses für die Zukunft so notwendige Engagement trägt.«

Prominente Young-Leaders-Alumni der Atlantik-Brücke
(die römischen Ziffern in Klammern bezeichnen aller Wahrscheinlichkeit nach die Abschlussjahrgänge)[62]:

Christian Wulff, Bundespräsident (XIV)
Karl-Theodor zu Guttenberg, ehem. Bundesverteidigungsminister (XXV)
Thomas de Maizière, Bundesverteidigungsminister (XI)
Jürgen Großmann, Vorstandsvorsitzender von RWE (VI)
Thomas Enders, Präsident und Vorstandsvorsitzender von Airbus Industries (XI)
Gerd Häusler, Vorstandsvorsitzender der Bayerischen Landesbank (VIII)
Paul-Bernhard Kallen, Vorstandsvorsitzender der Hubert Burda Media Holding (XIII)
Hans-Gert Pöttering, ehem. Präsident des Europäischen Parlaments (I)
Charles Schumer, Senior US-Senator in New York (II)
Cem Özdemir, Vorsitzender Bündnis 90/Die Grünen (XXIII)
Edelgard Bulmahn, Mitglied des Deutschen Bundestags; ehem. Bundesministerin für Bildung und Forschung (X)

Michael Vassiliadis, Vorstandsvorsitzender der IG BCE – Bergbau, Chemie, Energie (XXII)
Wolfgang Ischinger, ehem. deutscher Botschafter in den Vereinigten Staaten (IV)
Richard Burt, ehem. US-Botschafter in Deutschland (IV)
Silvana Koch-Mehrin, Vize-Präsidentin des Europäischen Parlaments (XXV)
Craig Kennedy, Präsident des German Marshall Fund der USA (IX)
Kai Diekmann, Chefredakteur der »Bild-Zeitung« (XVII)
Katja Gloger, Auslandskorrespondentin des »Stern« (XIV)
Joshua Bolten, ehem. Stabschef des Weißen Hauses unter Präsident George W. Bush (X)

Wie sieht die Rekrutierung nun in der Praxis aus?

Angenommen, ein unbedarfter politischer Hoffnungsträger stellte die Frage: »Ich fühle mich zu den Zielen der Atlantik-Brücke sowie vielen ihrer Mitglieder hingezogen und möchte gerne auch Einfluss haben. Ich bin bereits Mitglied bei der Jungen Union/den Jusos/den Jungen Liberalen/bei Bündnis 90/Grünen und spreche gut Englisch, da ich ein Jahr bei einem Schüleraustausch war. Wie kann ich Mitglied werden?« Die Antwort hieße schlicht: »Gar nicht.« Denn ähnlich wie bei den bereits vorgestellten Einflussgremien erhält man Zugang nur auf Einladung bzw. Empfehlung. Von 200 Anwärtern, die in die engere Wahl gekommen sind, wird nur 25 bis 30 Auserwählten pro Jahr Einlass gewährt. Einmal in das Young-Leaders-Programm aufgenommen, erhalten die Teilnehmer eine intensive Betreuung.

Laut »Manager-Magazin« kann eine solche Empfehlung auch *»von einem Mitgliedsunternehmen kommen – die Deutsche Bank, Goldman Sachs oder DaimlerChrysler entsenden viel versprechende Nachwuchsmanager – oder von ehemaligen Teilnehmern. Die Fürsprecher haben* *offensichtlich ein gutes Auge. Viele Young Leaders machen später Karriere: Springer-Vorstandschef Mathias Döpfner, EADS-Vorstand Thomas Enders, Stahlunternehmer Jürgen Großmann und Bildungsministerin Edelgard Bulmahn wurden in jungen Jahren für die Atlantik-Brücke entdeckt. Ein elitärer Kreis eben, seit nunmehr 51 Jahren.«*[63] Bei der Auswahl helfen also auch die »Old Leaders« der Atlantik-Brücke mit geeigneten Vorschlägen aus ihrem Wirkungskreis.

Mit der kontinuierlichen Heranbildung eigener Auslesen gelingt es der Brücke sowie den anderen, ganz ähnlich gelagerten transatlantischen Einrichtungen offensichtlich, sich quasi dynastisch ein höchst eigenes, stetig wachsendes Einflussgebiet zu sichern: Wer dazu gehört, kann sich zum »transatlantischen Adel« zählen.

Auf regelmäßigen Konferenzen, Kolloquien, Seminaren, Studienreisen, Vortragsveranstaltungen und Begegnungen im kleinen Kreis sowie Austauschprogrammen wird der transatlantische Brückenschlag

Das Magnus-Haus in Berlin, Sitz der Atlantik-Brücke: intransparente Kamingespräche hinter traditioneller Fassade. Ein paar Häuser weiter wohnt die Bundeskanzlerin.

wieder und wieder geübt. Die erste Konferenz der Young Leaders fand 1973 in Hamburg statt, 40 ausgewählte deutsche und US-amerikanische Nachwuchskräfte kamen auf Einladung der Brücke zusammen, um *»Fragen von beidseitigem Interesse zu diskutieren«*.[64] Nach dem ersten großen Erfolg wurde das Young-Leaders-Programm zum erklärten Herzstück der Brücke-Mission. Es gibt jedoch noch einige andere Aktivitäten:

»Alle gesellschaftlichen Gruppen auf beiden Seiten des Atlantiks werden in die Arbeit der Atlantik-Brücke einbezogen. Die Schwerpunkte liegen bei zukünftigen Führungskräften (die sich bei jährlichen »Young Leaders«-Konferenzen treffen), bei amerikanischen Sozialkundelehrern (die über den Holocaust unterrichten und an zweiwöchigen Deutschland-Seminaren teilnehmen), bei Medienvertretern (amerikanischen Journalisten wird ein mehrwöchiger Studienaufenthalt in Deutschland ermöglicht) und bei amerikanischen Offizieren (die in Deutschland stationiert sind). Schließlich lädt die Atlantik-Brücke Spitzenvertreter aus der Wirtschaft, Politik und der Wissenschaft regelmäßig zu vertraulichen Gesprächen in Arbeitsgruppen und in Ad-hoc-Sitzungen ein. Besondere Aufmerksamkeit gilt auch dem Kontakt mit jüdischen Organisationen in den Vereinigten Staaten.«[65]

Die Ursprünge der Atlantik-Brücke – Gründung durch einen Bankier

Die Atlantik-Brücke wurde 1952 in Hamburg von dem Bankier Eric M. Warburg (1900–1990) ins Leben gerufen. Sitz des Vereins ist heute Berlin. Warburg gehörte, ähnlich wie Henry Kissinger, zu einer Gruppe US-Amerikaner deutscher Herkunft, die unter den Nationalsozialisten emigriert waren, nach dem Krieg als US-Offiziere wieder nach Deutschland zurückkehrten und als Dolmetscher bei den Nürnberger Kriegsverbrecher-Prozessen fungierten. Zuvor enteignetes Vermögen und Grundstücke wurden ihm nach Ende des Zweiten Weltkriegs zurückgegeben. Er entstammte der bekannten Bankiers-Familie, deren Wurzeln bis ins 16. Jahrhundert zurückreichen. Das noch bestehende Bankhaus M. M. Warburg & CO wird von Max Warburg, einem Sohn Eric M. Warburgs, geführt; gegründet wurde es 1798 von den Brüdern Moses Marcus und Gerson Warburg. Neben M. M. Warburg & CO in Hamburg gibt es noch Ableger (nicht im rechtlichen Sinne) des Familienunternehmens in New York und London.[66]

Zum 50. Jubiläum der Atlantik-Brücke 2002 beschrieb die „Berliner Zeitung" das Szenario, welches der Gründung vorausging, wie folgt: *„Homburg, August 1949. In der Villa des amerikanischen Hochkommissars ist der Bankier Eric Warburg zu Gast. Die beiden Herren führen eine leidenschaftliche Diskussion über die Zukunft Deutschlands. John McCloy, beeinflusst von den Ideen des US-Finanzministers Henry Morgenthau, der Deutschland in ein Agrarland umwandeln wollte, plädierte für den Abbau der deutschen Industrie. Warburg, als deutscher Jude 1938 in die USA geflohen und 1945 als amerikanischer Soldat nach Europa zurückgekehrt, fordert die Einstellung der Demontage, da sonst ‚aus Nachkriegsdeutschland nichts Gutes' erwachse. 48 Stunden später* *stoppte McCloy die Demontage – doch Warburg will noch mehr. Zusammen mit anderen Hamburgern wie Marion Gräfin Dönhoff gründete er eine überparteiliche Organisation, die fortan und für immer die Beziehungen zwischen Deutschland und Amerikaner stärken sollte: die Atlantik-Brücke. In diesem Jahr wird sie 50 Jahre alt.“*[67] Die Verabschiedung von den Ideen Morgenthaus schuf, wie wir noch sehen werden, überhaupt erst die Voraussetzungen bzw. die Notwendigkeit für die Gründungen transatlantischer Gremien.

Henry Morgenthau (1891–1967, sein Vater war gebürtiger Mannheimer) wurde bekannt für seinen Plan im Zusammenhang mit Deutschland. Am 2.9.1944 erklärte der damalige US-Finanzminister den sogenannten Morgenthau-Plan in Form eines Memorandums, ein Jahr später auch in Buchform (»Deutschland ist unser Problem«[68]). Inhalt war die Forderung nach einer radikalen Verkleinerung Deutschlands (die im Osten bald danach vollzogen wurde) sowie einer radikalen Deindustrialisierung – an der, wie es manchmal scheinen will, noch heute gearbeitet wird, wenn sich wieder einmal Stimmen erheben, die Deutschlands Exporte als großes Problem ausmachen wollen.

»Germany is Our Problem«: 1945 erschienenes Buch von Henry Morgenthau jr.

Die Ideen Morgenthaus wurden nur teilweise umgesetzt, z. B. auch in der starken Föderalisierung Deutschlands, spiegelten sich aber noch in der Direktive JCS 1067 (siehe Seite 84) wider, die z. B. für Deutschland keinen wirtschaftlichen Wiederaufbau vorsah und keine Unterstützungen (wie etwa Care-Pakete) für das kriegszerstörte Deutschland zuließ. Erst zwei Jahre nach Kriegsende nahm man Abstand von diesen Plänen, insbesondere auch im Hinblick auf den sich anbahnenden Ost-West-Konflikt und Good Old Germanys neue Rolle als »Frontstaat«. Deutschland als Weideland und mit einer um 25 Millionen Menschen reduzierten Bevölkerung war letztlich doch ein undurchführbares Projekt.

In der Nachkriegszeit gab es in Westdeutschland eine heftige Debatte um die Wiederbewaffnung, Forderungen nach Neutralität bzw. Bündnisfreiheit Deutschlands wurden laut, da viele hierin eine bessere Zukunft sahen. Die Erinnerungen an die schrecklichen und sinnlosen Opfer und Zerstörungen des Krieges waren noch allzu frisch, und es herrschte ein breiter Konsens gegen die Wiederbewaffnung (»Nie wieder Krieg!«) quasi in allen Parteien, bis hin zu den Kirchen, Gewerkschaften und anderen Gruppierungen. Dies spiegelte sich auch im Grundrecht auf Kriegsdienstverweigerung des Grundgesetzes wider.

Die Neutralitätsdebatte der 1950er-Jahre wurde sehr emotional geführt – mit Recht, wurde sie doch zu einer Schicksalsfrage Deutschlands: der zukünftigen Zementierung der Teilung. Im März 1952 hatte Stalin in seiner berühmten Note den drei Westmächten Großbritannien, USA und Frankreich Verhandlungen über die Wiedervereinigung und Neutralität Deutschlands angeboten. Doch Bundeskanzler Konrad Adenauer hatte insgeheim schon anders entschieden, und so konnte nie geklärt werden, ob dies damals ein gangbarer Weg gewesen wäre. Adenauer scherte aus dem breiten Konsens gegen eine Wiederbewaffnung aus, indem er heimlich und ohne Absprache mit seinem Kabinett im Alleingang den USA 1950 einen militärischen Beitrag Deutschlands anbot. Sein Innenminister Gustav Heinemann verließ aus Protest deswegen das Regierungskabinett.

Willy Brandt, der in den 1970er-Jahren ein feuriger Transatlantiker wurde, äußerte noch 1955 auf einer Versammlung der Berliner SPD zu Fragen der Außenpolitik: »*Wenn es nur die Alternative gäbe, auf der einen Seite ein wiedervereinigtes, bündnisfreies Deutschland und auf der anderen Seite ein gespaltenes Deutschland mit der Eingliederung des westlichen Teils in den Nordatlantikblock, dann sei das wiedervereinigte, bündnislose Deutschland zu wählen.*«[69] Als Brandt dies sagte, war die Adenauer-Regierung schon längst anderweitig unterwegs.

Nach dem Zweiten Weltkrieg hatte sich in den USA ein Wandel abgezeichnet: Man ging von dem Prinzip der strikten Entwaffnung Deutschlands immer deutlicher zu dem Konzept über, Westdeutschland unter der Führung der USA als Speerspitze gegen die Sowjetunion im beginnenden Kalten Krieg aufzubauen. 1949 wurde die NATO gegründet.

Analog dazu betrieb die CDU mehr und mehr die wirtschaftliche, politische und militärische Integration der Bundesrepublik in das entstehende Westbündnis. 1950 sickerten erste Pläne für einen »Wehrbeitrag« durch, der sogleich heftige Proteste auslöste. Der Druck aus den USA auf die Bundesrepublik stieg jedoch laufend, und so stimmte der Bundestag 1952 gegen die Stimmen der SPD einem deutschen Verteidigungsbeitrag grundsätzlich zu. Wie es weiterging, wissen wir alle: 1955 trat Deutschland in die NATO ein. Der Zusammenbruch des Sowjetimperiums 1989 und die offizielle Beendigung des Kalten Krieges brachten jedoch nicht eine friedliche Selbstauflösung des Nordatlantischen Verteidigungspaktes, sondern führte im Gegenteil zu mehr Expansionswillen. Nach den Anschlägen des 11. September postulierten die USA den Bündnisfall und eröffneten einen weltweiten Kriegsschauplatz gegen einen diffusen Kriegsgegner namens »internationaler Terrorismus«, obwohl über die Täterschaft der Anschläge und deren Hintergründe alles andere als Klarheit herrschte und immer noch herrscht. Infolgedessen wird Deutschland heute »am

Hindukusch verteidigt«, und die NATO bezieht immer entlegenere Weltgegenden in die Bündnispartnerschaft ein.

Vor dem historischen Hintergrund der geschilderten Diskussionen der 1950er-Jahre muss man die Gründung der Atlantik-Brücke sehen. Die USA wollten die BRD dauerhaft an sich binden, und man suchte nach Mitteln und Wegen, deutlicher in die Politik der Bundesrepublik einzugreifen, Kontrolle auszuüben, Eliten zu gewinnen. Bei dieser Lobbyarbeit spielten ehemalige Emigranten eine große Rolle. Schaut man sich die lange Mitgliederliste von Bundeskanzlern (z. B. Schmidt, Kohl, Merkel) und Bundesministern (z. B. Lambsdorff, Riesenhuber, de Maizière, Guttenberg) im Rückblick an, kann gesagt werden, dass dies eindeutig von Erfolg gekrönt war. Die heutigen Ziele des Elitezirkels fasst ihr ehemaliger Vorsitzender, ein Multimilliardär aus einer bekannten Backpulverdynastie, sehr realistisch zusammen: *»›Die USA wird von 200 Familien regiert und zu denen wollen wir gute Kontakte haben‹, sagt der Vorstands-Chef der Atlantik-Brücke, Arend Oetker. Um Probleme effizient zu lösen, ist es eben hilfreicher, wenn sich die Entscheidungsträger persönlich kennen. Ein Missverständnis kann schnell mit einem Telefonanruf ausgeräumt werden – größere transatlantische Probleme, wie die US-Zölle auf Stahl, sorgen zwar auch innerhalb der Atlantik-Brücke für Stirnrunzeln. Die Freundschaft aber können sie nicht trüben.«*[70]

Die Brücke-Mitglieder deutscher Herkunft fühlen sich offensichtlich, ganz im Geiste ihres Übervaters David Rockefeller, als »supranationale« Elite transatlantischer Ausrichtung – »deutsch« ist allenfalls noch der Wirtschaftsstandort. Der angestrebte »Melting Pot« der Eliten innerhalb der »Pax Americana« betrifft natürlich auch die Nordamerikaner selbst als Nation, weswegen es darüber auch zu Kontroversen und internen Richtungskämpfen in den Elitezirkeln gekommen ist. Im Übrigen ist das obige Zitat Oetkers in seiner Offenheit ein weiterer schöner Beleg für die Demokratieferne des Spitzenzirkels.

Who's Who bei der Atlantik-Brücke

Sieht man sich die Mitgliederlisten der Atlantik-Brücke an, fällt auf, dass sich hier Politiker aus dem gesamten Parteienspektrum finden: bei der SPD angefangen (z. B. Karsten D. Voigt), über CDU/CSU (z. B. der Ehrenvorsitzende Walther Leisler Kiep[71]), die FDP (z. B. Guido Westerwelle) bis zu den Grünen (z. B. Cem Özdemir). Hinzu kommen der Vizevorsitzende des Jüdischen Zentralrats, Dr. Salomon Korn, Presseleute (wie »Bild«-Chefredakteur Kai Diekmann), Wirtschaftsbosse (etwa Dr. Thomas Enders von EADS: Hochtechnologie, Luft- u. Raumfahrt, Rüstungsindustrie), Banker (z. B. Hilmar Kopper, ehemaliger Aufsichtsratsvorsitzender Deutsche Bank, DaimlerChrysler, Bayer), Militärs (z. B. der ehemalige Bundeswehr-Generalinspekteur und Vorsitzende des NATO-Militärausschusses Klaus Naumann) u. v. m. Parteipolitik scheint in diesen Kreisen überhaupt keine Rolle zu spielen – selbst Gregor Gysi wurde schon als Vortragender gesichtet. Die angeblich so unüberbrückbaren Gegensätze der demokratischen Parteien überlassen die Transatlantiker gerne dem jeweiligen nationalen politischen »Kasperletheater«. Sie selbst spielen lieber auf der weltpolitischen Bühne eine bedeutsame Rolle.

Unter den Mitgliedern der Atlantik-Brücke finden sich auch zwei bekannte Tote: Uwe Barschel, Alfred Herrhausen sowie ein Todesfall in ihrem weiteren Umfeld: der frühere Treuhandchef Detlev Karsten Rohwedder. Letzterer wurde für seine Treuhandpolitik der behutsamen Privatisierung nach der Wende in Kombination mit einer Sanierung von überlebensfähigen Betrieben der ehemaligen DDR vom ehemaligen sächsischen Ministerpräsidenten und Brücke-Mitglied Kurt Biedenkopf[72] stark kritisiert. Die Transatlantiker forderten eine unverzügliche Marktöffnung für das internationale Kapital und die schnelle Privatisierung von früherem Volkseigentum, was Rohwedder bei einem Amerika-Besuch auch klipp und klar gesagt wurde. Nach seiner Ermordung im April 1991 trat Atlantik-Brücke-Mitglied Birgit Breuel Rohwedders Nachfolge bei der Treuhand an und setzte dahingehende Forderungen wesentlich zügiger um.

Im Februar 2003 schalteten Mitglieder und Freunde der Atlantik-Brücke für 140.000 Dollar eine ganzseitige Anzeige in der Sonntagsausgabe der »New York Times«: »A Message to the People of the United States of America« – eine Ergebenheits- und Dankbezeugung aus Anlass des Irakkriegs sowie der beinahe 60 Jahre zurückliegenden Beendigung des Zweiten Weltkriegs. Man meinte für die »überwiegende Mehrheit der Deutschen« zu sprechen, indem man die festen transatlantischen Bindungen bekräftigte und den Angriff auf den Irak in seiner Auswirkung als eine »Meinungsverschiedenheit« bzw. Dissonanz im westlichen Bündnis wahrnahm. Der westlichen »Wertegemeinschaft« dräute akut Gefahr:

»Man darf nicht erlauben, dass die momentanen Meinungsverschiedenheiten zwischen den Regierungen über die Irak-Frage diese Bindung lösen.«

»Dank für die Befreiung von Nazi-Deutschland, Dank für den Schutz im Kalten Krieg, Dank für die Unterstützung bei der Wiedervereinigung«, fasste der »Spiegel« zusammen.[73]

Die auf der nachfolgenden Doppelseite abgedruckte Unterschriftenliste der Anzeige in deutscher Übersetzung gibt einen guten Überblick über die Mitglieder und Sympathisanten der Brücke im Jahr 2003.

A Messa
People of
States of

Vor mehr als 50 Jahren wurde Deutschland von Amerika und seinen Verbündeten befreit. Dank der Hilfe der USA konnten die Deutschen ihren materiellen und moralischen Zusammenbruch überwinden und in den Kreis der westlichen Demokratien zurückkehren.

Im Kalten Krieg senkte sich erneut der Schatten des Totalitarismus über das östliche Deutschland und Osteuropa. Die Vereinigten Staaten blieben fest an unserer Seite. Wieder war es Amerika, das unserem geteilten Land nach 1989 dabei half, sich in Frieden zu vereinigen.

Die Partnerschaft mit Amerika gehört zu den Grundlagen des demokratischen vereinigten Deutschland in einem sich vereinigenden Europa. Die Freundschaft zwischen Deutschland und Amerika ist ein wichtiges Fundament des modernen Deutschland.

Am 11. September 2001, als New York und Washington von Terroristen angegriffen wurden, stellten sich das deutsche Volk und seine Regierung spontan an die Seite der Vereinigten Staaten. Millionen Deutsche bekundeten ihr Entsetzen über die Anschläge, ihr Mitgefühl mit den Amerikanern und ihre Bereitschaft zu helfen. Das waren nicht nur Worte. Deutsche

Soldaten hal
siegen. Sie s
Rolle beim W
Die Deutsch
tionale Terr
bedroht, son
Demokratie
ten.

Heute, da
rismus
senvernicht
bekräftigen
den Vereinig
nen fünf Jah
Amerikaner
deutsch-ame
mehr als nur
litik und Wi
sein mögen.
der Werte. I

ge to the he United America

liban zu be-
ne führende
fghanistans.
s der interna-
nur Amerika
er, in denen
Freiheit gel-

egen Terro-
g von Mas-
iren muss,
denheit mit
e vergange-
Deutsche und
geführt. Die
nerschaft ist
dnis von Po-
htig diese
neinschaft
liese zu ver-
Amerikaner
sche vereint.

Drei Generationen von Amerikanern und Deutschen schufen die Voraussetzungen dafür, dass ihre Länder in Frieden, Freiheit, Wohlstand und Sicherheit leben können. Für die überwältigende Mehrheit der Deutschen bleiben die Beziehungen zu den Vereinigten Staaten von zentraler Bedeutung. Es darf nicht dazu kommen, dass die gegenwärtigen Meinungsverschiedenheiten zwischen den Regierungen in der Irak-Frage dieses Bündnis zerstören.

Wir, als Mitglieder und Freunde der Atlantik-Brücke, der ältesten deutschen Vereinigung zur Förderung der deutsch-amerikanischen Beziehungen, werden keine Mühe scheuen, damit dieses Band zwischen Deutschland und Amerika künftigen Generationen erhalten bleibt.

Dr. Marcus Ackermann
Dr. Josef Ackermann
Bettina Adenauer
Dr. Patrick Adenauer
Knud Ahlborn
Christian Ahrenkiel
General a.D. Wolfgang Altenburg
Dr. Steven Althaus
Dr. Hans Apel
Dr. Karl Hans Arnold
Dietrich Austermann, MdB
Dr. Wolfgang Baare-Schmidt
Professor Dr. Arnulf Baring
Gabriele Baring
Hargen M. Bartels
Dr. Burkhard Bastuck
Batuz
Dr. Ingo Beckedorf
Michael Beckel
Ina Beckurts
Priv.-Doz. Dr. Tobias Beckurts
Birgit Bender, MdB
Klaus Uwe Benneter, MdB
Professor Dr. h.c. Roland Berger
Matthias Berninger, MdB
Dominic Graf von Bernstorff
Nikolas Graf von Bernstorff
Dr. Christoph Bertram
Ole von Beust, Erster Bürgermeister und Präsident des Senats der Freien und Hansestadt Hamburg
Professor Dr. Kurt H. Biedenkopf, MdL
Hermann Bierer
Martin Biesel
Clemens Binninger, MdB
Eberhard Blum
Dr. Manfred Bock
Frank Böhnke
Anton F. Börner
Eckbert von Bohlen und Halbach
Arno Bohn
Dr. Inge Boldt
Alexander Bonde, MdB
Jochen Borchert
Dr. Achim Brenske
Dr. Michael Broer
Elmar Brok, MdEP
Oliver Buck
Wilfried von Bülow
Dr. Hubert Burda
Hendrik Buschhorn
Dr. Annette Busse
Dr. Nikolas Busse
William P. Carey
Dr. Ami de Chapeaurouge
Dr. Volker Christians
Jürgen H. Conzelmann
Professor E.h. Dr. h.c. Ernst Cramer
Jean K. van Daalen
Mehmet Gürcan Daimagüler
Dr. Jutta von der Decken
Dr. Jochen Degkwitz
David W. Detjen
Thomas M. Dewner
Dr. Alexander Dibelius
Dr. Thomas Diehl
Kai Diekmann
Armin Dienst
Dr. Jochen Dieselhorst
Dr. Hartmut Dietrich
Dr. Maximilian Dietzsch-Doertenbach
Dr. Cornelia Dömer
Thomas Dörflinger, MdB
Dr. Mathias Döpfner
Dr. Klaus von Dohnanyi
Andreas R. Dombret
Professor Dr. Juergen B. Donges
Werner Dornisch
Siegfried L. Drucker
Dr. Thea Dückert, MdB
Birgit Düppe
Freimut Duve
Christian Dyckerhoff
Albrecht Ehlers
Dr. Uschi Eid, MdB
Senator E.h. Horst Elfe
Thomas Ellerbeck
Dr. Klaus C. Engelen
Maximilian van Erckelens
Dr. Alexander Erdland
Dr. Hubertus Erlen
Jörg van Essen, MdB
Johannes Evers
Wolfgang Fahr
Georg Fahrenschon, MdB
Professor Dr. Bernd Fahrholz
Ilse Falk, MdB
Professor Dr. Dieter Feddersen
Professor Dr. Gerhard Fels
Johann Finkelmeier
Joachim Finn
Leonhard H. Fischer
Dr. Dieter Flämig
Carl-Peter Forster
Klaus Francke
Dr. Kai Franzmeyer
Dr. Michael Frenzel
Hinrich Frese
Dr. Walter Friederichs
Dr. Hans H. Friedl
Christoph Friedrich
Dr. Hans-Peter Friedrich, MdB
Stephan Friedrich
Dr. Maria Fulde
Georg Gafron
Norbert Gansel, Oberbürgermeister der Landeshauptstadt Kiel
Joachim Gauck
Rainer Gebbe
Elke Geising
Dr. Klaus-Dieter Geisler
Professor Dr. Otto Gellert
Dr. Stefan Georg
Dr. Wolfgang Gerhardt, MdB
Karl Gernandt
Wolfgang G. Gibowski
Dr. Hans-Michael Giesen
Professor Dr. Günther Gillessen
Dr. Martin Gillo, MdL, Staatsminister von Sachsen
Michael Glos, MdB
Katrin Göring-Eckardt, MdB
Reinhard Gorenflos
Sven Gossel
Dennis Grabherr
Jürgen Graf
Professor Dr. Ursula Gresser
Monika Griefahn, MdB
Helmuth von Grolman
Dr.-Ing. Dr. h.c. Jürgen R. Großmann
Dr. Christian Grün
Manfred Grund, MdB
Dr. Thomas Guth
Karl-Theodor Freiherr von und zu Guttenberg, MdB
Professor Dr. Helga Haftendorn
Professor Dr. Carl H. Hahn
Günther Hahn
Holger-Heinrich Haibach, MdB
Dr. h.c. Claus M. Halle
Dr. Hubertus Haller
Dr. Jürgen Hambrecht
Dr. Winfried Hammacher
Wolfgang Hantke
Kaspar Freiherr von Harnier
Klaus Harpprecht
Dr. Ulrich Hartmann
Erivan Karl Haub
Dr. Wolfgang Hauser
Margaret Heckel
Jutta Heimberger
Ursula Heinen, MdB
Dr. Andrej Heinke
Priv.-Doz. Dr. Dr. Markus Maria Heiss
Professor Dr. Gunther Hellmann
Jörg A. Henle
Karl G. Herold
Dr. Stephan Hess
Moritz Landgraf von Hessen
Dr. Claus Heuchemer
Dr. Carl-Heinz Heuer
Alistair Hill
Klaus Hillebrand
Steffen Hoffmann
André von Holtzapfel
Dieter von Holtzbrinck
Dr. Stefan von Holtzbrinck
Werner Holzer
Professor Dr. René Holzheimer
Generalleutnant a.D. Rolf Hüttel
Felix Hufeld
Professor Dr. Gerd-Winand Imeyer
Anno August Jagdfeld
Julia Jäkel
Jost de Jager, MdL
Dr. Peter Jahn
Dr. Michael Jansen
Dr. Georg Jarzembowski, MdEP
Dr. Siegfried Jaschinski
Dr. Josef Joffe
Professor Barbara John
Dr. Eckart John von Freyend
Manuel Jork
Dr. Harald Jung
Professor Dr. Detlef Junker
Dr. Heinz-Gerhard Justenhoven
Yorck Kaempfer
Jan F. Kärst
Professor Dr. Karl Kaiser
David A. Kamenetzky
Dr. Wolf D. Karl
Wilhelm Dietrich Karmann
Dr. Christoph von Katte
Dr. Peter Kausch
Peter-Hans Keilbach
Dr. Trutz Graf Kerssenbrock, MdL
Thomas Kielinger
Walther L. Kiep jun.
Dr. h.c. Walther Leisler Kiep
Dr. Dietrich von Klaeden
Eckart von Klaeden, MdB
Kai-Jacob Klasen
Franz J. Klein
Dr. Torsten-Jörn Klein
Dr. Hanns-Alexander Klemm
Dr. Rainer Klemmt-Nissen
Lippold von Klencke
Max Dietrich Kley
Claas Kleyboldt
Hans-Ulrich Klose, MdB
Dr. Walter Klosterfelde
Dr. Lorenz R. Klutmann
Harald Koban
Roland Koch, MdL, Ministerpräsident des Landes Hessen
Robert J. Koehler
Dr. Axel G. Koetz
Dr. Helmut Kohl, Bundeskanzler a.D.
Dr. Martin KohlhaussenProfessor
Dr. Günter Kohlmann
Dr.-Ing habil. Harald Kohlstock
Theo Koll
Hilmar Kopper
Dr. Christian Krause
Christian Krienke
Michael Kröner
Axel Krohne
Ernst-Moritz Krossa
Dr. Raphael Kübler
Robert Kühn
Dr. Eberhardt Kühne
Professor Dr. Ludger K
Dr. Walter Kuna
Dr. Dietrich von Kyaw
Sonja Lahnstein-Kande
Nikolaus Graf Lambsdo
Dr. Otto Graf Lambsdo
Karl Lamers
Monica Lamers
Dr. Rudolf Lang
Christian Lange, MdB
Marc Christian Langen
Andreas Langenscheid
Dr. Florian Langensch
Wolfgang Lehr
Martina Leitermann
Richard Leitermann
Marc Lemcke
Dr. Manfred Lennings
Dr. Dirk Lentfer
Dr. Michael Lepach
Klaus Liedtke
Dr. Beate Lindemann
Diedrich Lindemann
Jutta Lindemann
Klaus Lindemann
Sabine Lindemann-Jen
Dr. Peter Linzbach
Klaus Peter Löbbe
Professor Dr. Uwe Loo
Anna Lührmann, MdB
Dr. Henneke Lüthgera
Dr. Siegfried Luther
Friedrich Luft
Klaus Luft
Stieven Maahs
Professor Dr. Marcel M
Professor Christoph H Mäckler

Mitglieder und Freunde der Atlantik-Brücke haben durch ihren Beitrag die Veröffentlichung dieser Anzeige ir

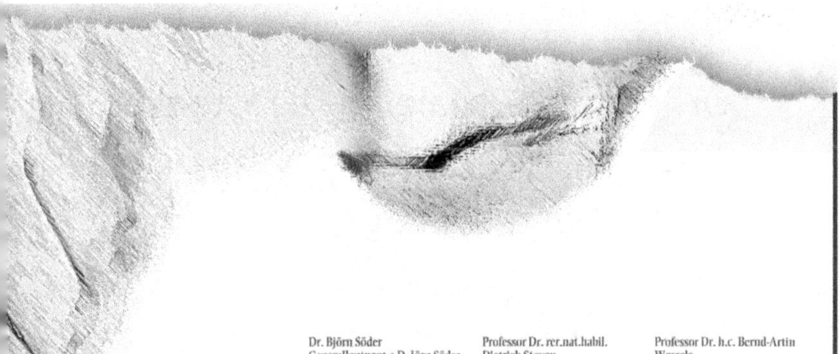

er
inz
Mainz
on Mallinckrodt
rczinek
tthäus-Maier
ard May
McKelvie
leeteren
leir
s von Mende
Menzel
Merz, MdB
r
Dr. Georg Milbradt, MdL,
räsident des
s Sachsen
Dr. Jürgen Mlynek
ore
rete Mühl-Jäckel
Mülkens
Müller, MdB
r Müller
ller
nann
aumann
D. Klaus Naumann
ve Nerlich
eumann
ven-Khac
as Nick
ckolaus
ietan, MdB
Dr. Michael C. Nippa
lissen
Dr. Dr. h.c.
Noelle
oke, MdB
vicki
ey
lewald
ing von Oertzen
Oetker
gust Oetker
an Olearius
tmanns
Freiherr
lheim

Hans-Günther Oppermann
Hans-Joachim Otto, MdB
Dr. Michael Otto
Adil Oyan
Dr. Herbert Palmberger
Professor Dr. Karl-Heinz Paqué,
MdL, Landesminister
von Sachsen-Anhalt
Hans Peter Peters
Ulrich Petzold, MdB
Philipp-Hubertus Pieper
Professor Dr. Hans-Gert
Poettering, MdEP
Dr. Andreas Pohlmann
Uwe Polakowski
Philipp Poss
Professor Detlef W. Prinz
Professor Dr. Cornelius Prittwitz
Herta Putzmann
Joachim Putzmann
Cornelia Quennet-Thielen
Dr. Lutz R. Raettig
Dr. Andreas Raffel
Katherina Reiche, MdB
Christian Rodatus
Dr. Matthias Rößler, MdL,
Staatsminister von Sachsen
Professor Dr.-Ing. Thomas Rogge
Dr. Michael Rogowski
Professor Dr.-Ing. Eckhard
Rohkamm
Dr. Hergard Rohwedder
Stephan Rojahn
Dr. Sieghardt Rometsch
Jana Rosenmann
Christopher Rossbach
Signe Rossbach
Claudia Roth, MdB
Rolf Rüssmeier
Eckhard Sachse
Dr. Roland Salchow
Dr. Alexander von Samson
Stephan G. Sassenroth
Dr. Günther Sassmannshausen
Jochen SauerbornDaniela Sauter
Caspar Seemann
Daniela Seemann
Dr. Rafael Seligmann

Dr. Björn Söder
Generalleutnant a.D. Jörn Söder
Peter Sokolowsky
Peter Sothmann
Gottfried Spelsberg-Korspeter
Dr. Bernd-Georg Spies
Friede Springer
Professor Dr. Rita Süssmuth
Dr. Thorsten Schäckel
Otto G. Schäfer
Annette Schäfer-Harre
Fried Scharpenack
Rudolf Scharping, MdB
Jürgen Schau
Dr. Walter Scheel,
Bundespräsident a.D.
Professor Dr. Bernhard Scheuble
Dr. Florian Schilling
Professor Dr. Wulf
von Schimmelmann
Ulrike Schlafly
Professor Dr. Helmut Schlesinger
Dr. Dirk Schmalenbach
Dr. Jörg Schmeding
Nils Schmid, MdL
Dieter L. Schmidt
Dr. Ronaldo Schmitz
Arne Schönbohm
Jörg Schönbohm
Dr. Kajo Schommer
Jürgen E. Schrempp
Benedikt Freiherr von Schröder
Horst Schröder
Nikolaus W. Schües
Dr. Ulrich Schürenkrämer
Klaus-Dieter Schürmann
Dr. Philipp Schuller
Volkmar Schultz
Dr. Dankwart von Schultzendorff
General a.D. Franz-Joseph Schulze
Dr. Wolfgang Schuster,
Oberbürgermeister der
Landeshauptstadt Stuttgart
Professor Dr. Gesine Schwan
Professor Dr. Rudolf F. Schwarz
Dr. Ulrike Schwarz
Dr. Wolfgang Schwarz
Dr. Christian Schwarz-Schilling
Nikolaus Schweickart
Professor Dr. Gebhard L.
Schweigler
Dr. Hans-Jürgen Schwepcke
Alexander Graf von Schwerin
Erich Staake
Dr. Immo Stabreit
Berndt von Staden
Kurt Steves
Kurt von Storch
Dr. Ekkehard Storck

Professor Dr. rer.nat.habil.
Dietrich Stoyan
Dr. Christian Striefler
Dr. Rolf-Rüdiger Stroth
Professor Dr. Jürgen Strube
Andrea Stürmer
Reinhard Stuth
Dr. Alfred Tacke
Tobias Tafel
Generalleutnant a.D.
Hans-Peter Tandecki
Peter-Georg Tessner
Dr. Johannes von Thadden
Dr. Friedrich Thelen
Carl-Ludwig Thiele, MdB
Dr. Bernd Thiemann
Alexandra Traber
Wolfgang Traber
Vizeadmiral a.D. Herbert Trebesch
Volker Tschapke
Tatiana Turck
Professor Dr. Georg Unland
Klaus-Günter Vennemann
Hans-Jörg Vetter
Kurt F. Viermetz
Dr. Wedigo de Vivanco
Dr. Bernhard Vogel, MdL,
Ministerpräsident des
Landes Thüringen
Matthias Vogler
Karsten D. Voigt
Dr. Ludger Volmer, MdB
Renate Voss
Dr. Bernhard Walnitz
Dr. Peter-Alexander Wacker
Ruth Wagner, MdL,.
Landesministerin von Hessen
Hermann Waldemer
Georg Graf Waldersee
Petra Wallmann
Professor Dr. Norbert Walter
Dr. Christoph Walther
Max M. Warburg
Dr. Jürgen Warnke
Dr. Ludolf von Wartenberg
Dr.-Ing. E.h. Jürgen Weber
Dr. Uwe H. Wehrstedt
Dr. Hans Heinrich Weise
Dr.-Ing. E.h. Heinrich Weiss
Hellmuth Weisser
Vizeadmiral a.D. Ulrich Weisser
Ernst Welteke, Präsident
der Deutschen Bundesbank

Professor Dr. h.c. Bernd-Artin
Wessels
Dr. Guido Westerwelle, MdB
Annette Widmann-Mauz, MdB
Oliver Georg Wieck
Dr. Norbert Wieczorek
Dr. Alfred Wieduwilt
Generalleutnant a.D.
Klaus Wiesmann
Matthias Wissmann, MdB
Dr. Thomas Wittleder
Professor Dr. Michael Wolffsohn
Dr. Dieter Wolfram
Klaus Wowereit, MdA, Regieren-
der Bürgermeister von Berlin
Bernd Wrede
Christian Wriedt
Dr. Loretta Würtenberger
Reinhold Würth
Rainer Wunderlin
Dr. Karsten Zimmermann
Dr. Rolf Zimmermann
Dr. Klaus Zumwinkel

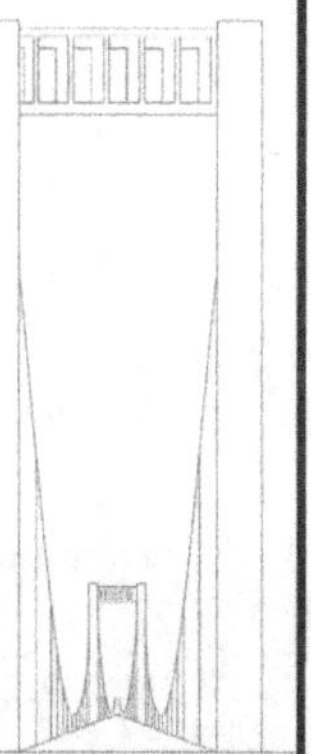

ATLANTIK-BRÜCKE E.V.

TIMES (Sonntagsausgabe 16. Februar) ermöglicht. Wir geben diese Anzeige in deutscher Übertragung wieder.

Orden und Rituale im Dienste des transatlantischen Gutgefühls

Die Atlantik-Brücke und ihr verwandte Einflussgremien haben eine besondere Vorliebe für das Abhalten schwülstiger Polit-Festivitäten mit zeremonienhaftem Charakter, bei denen häufig Preise verliehen werden. Reden voller Eigen- und Bruderlob und die ritualhafte Repetition ihrer wichtigsten Leitsätze, Parolen und Schlüsselvokabeln würden jedem unvorbelasteten Zeugen auf Gemüt und Hirn drücken. Peinlichkeit gehört jedoch hier zum gemeinschaftsstärkenden Grundprinzip. In dieser dicken Luft fühlen sich ebensolche Freunde erst richtig in ihrem Element und verleihen sich gegenseitig gern und häufig »Awards«. Die also Belobigten müssen ihre Dankesreden jeweils in fließendem Englisch vortragen, genau wie die Laudatio. Dies gehört zur selbstverständlichen transatlantischen Etikette, der sich natürlich auch Guttenberg anpasste. Simultanübersetzungen sind bei der Brücke verpönt.

Preisverleihungen sind eine beliebte Form der US-Soft-Power: Politiker, die man im transatlantischen Machtbereich festhalten will, werden quasi an die Orden-Kette gelegt. Fotoshooting und Erinnerungsfilm runden die großzügige Inszenierung ab und landen im transatlantischen Familienalbum.

Ein Aspekt der Soft-Power ist auch das »Soft-Brainwashing«: Bei transatlantischen Zeremonien werden wieder und wieder dieselben Losungen ausgegeben: Die Wichtigste ist die der gemeinsamen Werte, der transatlantischen Wertegemeinschaft, des gemeinsamen Wertefundaments, der Werte, die man nicht mehr miteinander zu diskutieren brauche, weil sie selbstverständlich seien. Diese Behauptung hat durch ständige Wiederholung längst ein Eigenleben entwickelt, sodass jeder Versuch, sie anhand der Realität zu überprüfen, zum Scheitern verurteilt wäre.

Die Atlantik-Brücke kennt den Eric-M.-Warburg-Preis (nach ihrem Stifter) und den Vernon-A.-Walters-Preis (nach ihrem Geheimdienst-Kooperator). Die beiden »Orden« der Brücke zeigen in etwa die interne Machtverteilung an: Banken sind repräsentiert durch den Warburg-Preis, Militärs und Geheimdienste durch den Walters-Preis. Zu welchen Teilen dieser Einfluss geht, ist schwer zu sagen.

Eine Ehrung der deutschen Bundeskanzlerin im Atlantik-Brücke-Originalton

»Dann war es so weit: Am Donnerstag, dem 25. Tag im Juni 2009, strahlte die Sonne vom wolkenlosen tiefblauen Himmel. Washington zeigte sich Angela Merkel bereits am Morgen von seiner schönsten Seite, als sie in der deutschen ›Air Force No. 1‹ noch über dem Atlantik schwebte …« zur Eric-M.-Warburg-Preisverleihung 2009 in der Library of Congress. Die deutsche Bundeskanzlerin wurde mit dem Preis dafür ausgezeichnet, dass *»es Frau Dr. Merkel gelungen sei, die als Folge der unterschiedlichen Auffassungen zum Irak-Krieg angespannten bilateralen Beziehungen wieder auf eine freundschaftliche Basis zu stellen«*. In ihrer Danksagung verriet die Kanzlerin ein persönliches Detail: *»Meine Lebensplanung sah so aus, dass ich als DDR-Bürgerin an dem Tag, an dem ich Rentnerin sein würde […] in die Bundesrepublik reisen, dort meinen DDR-Ausweis gegen einen ordentlichen deutschen Pass eintauschen und mich dann sofort auf eine Reise nach Amerika aufmachen würde.«*[74]

Vernon A. Walters (1917–2002) gehörte, wie Henry Kissinger auch, zu einer Reihe von Männern, die in ihrer Jugend in die Vereinigten Staaten einwanderten, als Soldaten im Zweiten Weltkrieg kämpften und dann schnell Karriere in Politik bzw. Militär machten, um über Jahrzehnte unter mehreren US-Präsidenten die Außenpolitik maßgeblich mitzugestalten. Walters ist ebenso wie Kissinger ein »Raptosaurier« der US-Außenpolitik, und wir können uns die Erkenntnis leider nicht ersparen, dass es einem übel ins Gesicht weht, wo immer man über diese Person nachforscht. In seiner 50-jährigen Tätigkeit im Dienste des US-Imperiums erwies er sich als konsequenter Vertreter der »Strategie der Spannung«, die Militärputsche (z. B. in Südamerika), Absetzung legal gewählter Präsidenten (z. B. Iran), Kriege (z. B. Vietnam) und Bürgerkriege (z. B. Angola) bzw. vielfältige Kombinationen derselben zur Folge hatte.

Dem im transatlantischen Machtbereich hochverehrten General und Geheimdienstmann (operativer Leiter der CIA) und während der wichtigen Wendezeit US-Botschafter in der Bundesrepublik gelang ein ultimativer Brückenschlag: Der Jesuitenzögling, der zeitlebens in die Kirche ging, bezeichnete den Vietnam-Krieg – ungeachtet der Millionen Opfer von Agent Orange, die auch Jahrzehnte später noch mit Gendefekten und Verkrüppelungen geboren werden – als *»einen der nobelsten und selbstlosesten Kriege«*, den die Vereinigten Staaten je geführt hätten.[75]

Selbst bei oberflächlicher Beschäftigung mit diesem Spezialisten für verdeckte Operationen müsste auffallen, mit was für einem Kaliber man es zu tun hat. Nicht so natürlich die jungen Führer der Atlantik-Brücke, die sich in den Flieger nach New York setzen, um den nach General Walters benannten Preis gerührt entgegenzunehmen.

Die Strategie der Spannung und der geheime US-Krieg

Angesichts der Fülle von Material soll an dieser Stelle nur einen Aspekt aus dem Wirken Vernon Walters' herausgegriffen werden: die bereits erwähnte »Strategie der Spannung«, die möglicherweise auch für ein besseres Verständnis einiger Phänomene der deutschen Innenpolitik dienen kann.

Als die NATO als Verteidigungsorganisation und Gegengewicht zur Einflusssphäre des Sowjetimperiums gegründet wurde, nahm man in den ursprünglichen NATO-Vertrag von 1949 auf Verlangen der USA eine Geheimklausel – die sogenannte »Stay-Behind-Klausel« – auf, die jedes neue Mitglied vorab zu unterzeichnen hatte. Die Klausel verpflichtete dazu, eine nationale Sicherheitsbehörde einzurichten, die

General Vernon A. Walters 2001 im Gespräch mit dem ehemaligen Innen- und jetzigen Bundesfinanzminister Wolfgang Schäuble. Man darf vermuten, dass es schon damals um Sicherheitsfragen, wie die Abwehr von Terroranschlägen, ging ...

den Kommunismus durch geheime Kader bekämpfen sollte. De facto waren das antikommunistische Geheimarmeen, welche es im Prinzip in allen westeuropäischen Ländern gab. Am besten belegt ist die Existenz der militärisch-geheimdienstlichen Parallelstruktur namens »Gladio«, die vom US-Militärstützpunkt auf Sardinien aus von der CIA geführt wurde, was 1990 offiziell eingestanden werden musste.[76]

Ab 1951 war Walters unter Präsident Eisenhower beim Aufbau des neuen NATO-Hauptquartiers in Paris tätig, von dort aus wurden die illegalen Armeen organisiert und instrumentalisiert. Walters verband noch aus Kriegszeiten eine enge Männerfreundschaft mit dem italienischen General und Geheimdienstchef De Lorenzo, mit dem zusammen er »Piano solo« ausheckte, ein gegen die italienischen Eurokommunisten gerichteter Staatsstreichplan. Als Militärattaché kümmerte sich Walters auch in anderen europäischen Ländern um die geforderten militärischen Parallelstrukturen.

Arthur E. Rowse, ein früherer Mitarbeiter der »Washington Post« und des »U. S. New & World Report«, veröffentlichte am 23.2.1996 eine Studie namens »Gladio: The Secret U. S. War To Subvert Italian Democracy«[77]. Aus der Einleitung sei kurz zitiert:

»›Gladio‹ erzählt die Geschichte der Bemühungen der CIA, des US-Militärs und zeitweise des Weißen Hauses, die sich beinahe über ein halbes Jahrhundert erstreckten, einer befürchteten ›kommunistischen Machtübernahme‹ vorzubeugen. Rowse enthüllt die Einzelheiten dieser Politik einschließlich verdeckter Zahlungen an italienische Politiker, Parteien und Geheimdienste, der Benutzung faschistischer Kriegsverbrecher, Nazis und Gangster, um paramilitärische Untergrundgruppen zu bilden und zu führen, der US-Verbindungen zu einer Kampagne von Terror-Bombenanschlägen, und er prüft erneut beunruhigende Fragen nach US-Verbindungen zur Ermordung Aldo Moros. Arthur E. Rowses gründliche Untersuchung des Ursprungs und der Aktivitäten bezüglich der jahrzehntelangen verdeckten US-Anstrengungen, italienische Politi-

ker zu beeinflussen, bedeutet den ersten umfassenden Blick auf ›Gladio‹ in einer US-Publikation.«

Die CIA und ihr langjähriger operativer Leiter Walters schmiedeten in Italien nach dem Zweiten Weltkrieg mit alten und neuen Faschisten eine geheime Parallelstruktur zur offiziellen Regierung, mittels derer sie agierten und gewählte Regierungen, die Sozialisten oder Kommunisten an der Regierung zu beteiligen drohten, mit Terroranschlägen unterminierten, die Italien jahrzehntelang schüttelten. Gladio und seine US-Auftraggeber zeichneten daher nicht nur für blutige Anschläge mit Hunderten von Toten verantwortlich, die man jeweils versuchte, der Linken anzuhängen, sondern es gab sogar ernstzunehmende Hinweise für eine Beteiligung an der Entführung und Ermordung des italienischen Premierministers Aldo Moro.

1984 wurden CIA-Akten in Rom gefunden, die belegen, dass »Action Teams« rekrutiert wurden, die Bomben werfen und Anschläge ausführen konnten. 1990 wurden weitere Dokumente aus dem Jahr 1956 in Italien entdeckt, die belegen, dass die Gladio-Spezialtruppen in einem geheimen US-Camp in Sardinien für Sabotageakte, Spionage, Guerillataktiken usw. ausgebildet worden waren. All dies fällt unter die von Walters in einem Memo an General De Lorenzo vorgeschlagene Interventionen, die eine »nationale Krise« auslösen sollten.

Einem mutigen italienischen Richter, Felice Casson, ist es zu verdanken, dass ein bis dato unaufgeklärtes Bombenattentat von 1972 bei Venedig abermals untersucht wurde. Dabei kam er auf die Spur eines Täters, der ein umfangreiches Geständnis ablegte. Vicenzo Vinciguerra beschrieb den Sinn der politisch motivierten Terroranschläge und Mordtaten in Italien als Strategie der von NATO, CIA und Teilen des italienischen Geheimdienstes über das Gladio-Netzwerk ausgeübten »Strategie der Spannung«. Er sagte u. a. aus: *»Man musste Zivilisten angreifen, Männer, Frauen, Kinder, unschuldige Menschen, unbekannte Menschen, die weit weg vom politischen Spiel waren. Der*

Grund dafür war einfach. Die Anschläge sollten das italienische Volk dazu bringen, den Staat um größere Sicherheit zu bitten [...] Diese politische Logik liegt all den Massakern und Terroranschlägen zugrunde, welche ohne richterliches Urteil bleiben, weil der Staat sich ja nicht selbst verurteilen kann.«[78]

Die Untersuchungskommission des italienischen Senats zum Thema Terrorismus und Massaker (1994–2000) stellte, dies bestätigend, abschließend fest: *»Diese Massaker [...] wurden organisiert oder unterstützt von Menschen in Institutionen des italienischen Staates und Männern, die mit dem amerikanischen Geheimdienst in Verbindung standen.«*[79]

Mit dem heutigen Abstand zum Geschehen wird von Kritikern vorgebracht, dass die von den USA geschürte Kommunistenangst in Italien eigentlich nur ein Vorwand war, um Macht und Einfluss über das Land zu gewinnen, da selbst bei einer kommunistischen Regierungsbeteiligung, wie sie etwa Aldo Moro vorgesehen hatte, keine Regierung im sowjetischen Stil zu erwarten gewesen wäre.

Ohne diesen Teil ihrer Geschichte aufgearbeitet zu haben, lädt die Atlantik-Brücke seit 1990 jährlich zu vertraulichen Expertengesprächen mit dem U. S. European Command in Zusammenarbeit mit dem NATO-Oberbefehlshaber über aktuelle sicherheitspolitische Fragen nach Berlin ein. Derzeit geht es z. B. um das Thema der anstehenden Bundeswehr-Umstrukturierung und der neuen »Aufgaben« der NATO. Teilnehmer sind häufig Befehlshaber aller in Europa stationierten amerikanischen Teilstreitkräfte – Armee, Luftwaffe, Flotte und Marineinfanterie – sowie der Generalinspekteur der Bundeswehr mit seinen Generälen, Admiralen und deutsche Experten der Sicherheitspolitik. Bei diesen Gesprächen können sich deutsche Politiker jeweils aus erster Hand über die neusten geostrategischen Ziele und Forderungen der reich besternten Militärs »briefen« lassen.

Expertengespräche mit dem U. S. European Command

»Am 1. Februar 2011 trafen sich zum neunzehnten Mal führende deutsche und amerikanische Generäle und Vertreter aus Politik, der Wirtschaft und den Medien in Berlin, um mit dem Kommandeur des U. S. European Command und NATO-Oberbefehlshaber, Admiral James G. Stavridis, und General Volker Wieker, Generalinspekteur der Bundeswehr über die Umstrukturierung der Bundeswehr und die zukünftige Ausrichtung der NATO zu diskutieren.

Die Gespräche mit dem U. S. European Command führt die Atlantik-Brücke seit 1990 jährlich in Berlin durch. Ziel ist es, einen vertraulichen Rahmen zu schaffen, in dem sich die Befehlshaber der in Europa stationierten amerikanischen Teilstreitkräfte - Armee, Luftwaffe, Flotte und Marineinfanterie - und der Generalinspekteur der Bundeswehr mit seinen Generälen und Admirälen mit weiteren Experten zu aktuellen sicherheitspolitischen Fragen austauschen können.«[80]

Der Vernon-A.-Walters-Orden

Im Juni 2007 war es mal wieder soweit: In New York wurde ein »German Young Leader« mit dem Vernon-A.-Walters-Preis ausgezeichnet, der Stahlunternehmer Dr. Jürgen Großmann: Alleingesellschafter der Georgsmarienhütte, Vorstandsvorsitzender des RWE, laut »Manager-Magazin« betrug sein Vermögen 2008 1,35 Mrd. Euro; er ist damit einer der reichsten Männer Deutschlands.[81]

Man hätte in Anbetracht des herb-männlichen Stifters des Ordens annehmen dürfen, Herr Großmann hätte auch ganz in dessen Geiste ein paar stählerne Worte gefunden, um Vernon A. (verstarb 2002 friedlich im gesegneten Alter von 85 Jahren) mannhaft in der Hölle zu grüßen. Doch weit gefehlt. Was man lesen musste, trieb Tränen der Rührung in die bislang eher schreckgeweiteten Augen, es war Lyrik reinsten Wassers:

»So they were all brothers, and of course there was a lot of rivalry between them. But at the same time they were all ready to give something extra of themselves, or to rein themselves in, in order to get the whole idea off the ground. For me, the invention of their famous ›California Sound‹ is a perfect example of team work.«[82] – Ja, richtig, Großmann erzählt von den Beach Boys, denn bei der Brücke ist man halt Beach Boy, auch Vernon A. Walters war im Grunde einer.

Großmann weiter: *»It is about a spirit of fraternity. Brothers and sisters, as we all know, do not always have easy relationships: They quarrel, they make up; They love each other, they do not get along; They help each other, they are rivals. But always, when push comes to shove, they stick together. And that is exactly why, Ladies and Gentlemen, what I wish for is that we Germans and Americans will always remain like brothers, like sisters.«*

»So waren sie also alle Brüder, und natürlich gab es eine Menge Rivalität zwischen ihnen. Aber zugleich waren sie auch bereit, etwas Besonderes von sich selbst zu geben oder sich zusammenzureißen, um die Gesamtidee zu verwirklichen. Für mich ist die Erfindung ihres berühmten ›California Sound‹ ein perfektes Beispiel für Teamarbeit [...] Es geht um den Geist der Brüderlichkeit. Brüder und Schwestern, das wissen wir alle, haben nicht immer einfache Beziehungen.
Sie streiten, sie vertragen sich wieder,
Sie lieben einander, sie kommen nicht miteinander aus,
Sie helfen einander, sie sind Rivalen.
Aber immer, wenn es darauf ankommt, halten sie zusammen. Und genau darum wünsche ich mir, meine Damen und Herren, dass wir Deutschen und Amerikaner immer Brüder und Schwestern bleiben.«

Sicherlich werden bei der Atlantik-Brücke bereits am Eingang rosarote Sonnenbrillen nach der Mode der Beach Boys ausgegeben, um die gefährliche Strahlkraft von Männern wie Vernon A. konsequent wegzufiltern und allen harmoniesüchtigen deutschen Beach Boys das ultimative Gutgefühl zu ermöglichen. Doch nein, das war vorschnell. Vielleicht ist das Geschwurbel, dem wir eben in Teilen lauschen durften, als pro-aktive Glaubensexerzitie zu verstehen, die von allen Brücke-Mitgliedern erwartet wird, welche sich engagiert zu ihrer Zivilreligion namens »Transatlantizismus« bekennen?

Die Laudatio hielt Christian Wulff und outete sich nebenbei als Young Leader: *»Through study and business trips, for example to Purdue University in Lafayette, Indiana and as a Young Leader of Atlantik-Brücke (I know what I am talking about because I myself am a Young Leader Alumnus of Atlantik-Brücke), Jürgen Großmann, you knew early on about the special significance of the German-American relationship. [...] We are indebted to the United States for freeing us from National Socialism and for giving us the prospects of a life in peace, freedom, and prosperity, and since 1990, also in unity!«*[83]

Der letzte Satz Wulffs auf Deutsch: *»Wir stehen bei den USA in der Schuld, weil sie uns vom Nationalsozialismus befreit haben und weil sie uns die Chance eines Lebens in Frieden, Freiheit und Wohlstand gegeben haben und seit 1990 auch die Einheit!«* Diese historische Lesart ist für Transatlantiker typisch, die Behauptung des damaligen niedersächsischen Ministerpräsidenten und heutigen Bundespräsidenten hält jedoch einer nüchternen historischen Überprüfung nicht stand.

Unterzeichnete US-Präsident Truman nicht die berüchtigte Directive »JCS 1067«, Deutschland sei nicht zum Zwecke seiner Befreiung besetzt worden, sondern als besiegter Feindstaat? Und wurden viele nach Kriegsende nicht einfach nur vom Leben befreit? Wie die Studie des kanadischen Historikers James Bacque nachweist, überlebten etwa 1,15 Millionen deutscher Kriegsgefangene die Hungerlager der US-Amerikaner und Franzosen nicht.[84]

»James Bacque: Der geplante Tod«, veröffentlicht 1989: Über das Schicksal deutscher Kriegsgefangener bei den Westalliierten nach dem Zweiten Weltkrieg

Wulff fährt fort, lobend zu berichten, dass dank einer Initiative von Großmann und dem früheren Bundeskanzler Schröder eine Privatuniversität amerikanischen Stils auf deutschem Boden in Hannover gegründet werden konnte, *»the German International Graduate School of Management and Administration (GISMA)«*. Die GISMA arbeitet mit der amerikanischen Pudue-Universität zusammen, sie bildet »Executive MBAs«, d. h. Führungseliten nach amerikanischem neoliberalen System für zukünftige Führungsaufgaben in der Wirtschaft aus.

Privatuniversitäten für transatlantische Nachwuchseliten

Privathochschulen nach amerikanischem Modell sind ein anderes Mittel der transatlantisch inspirierten Elitenförderung: Während sich die Studienanfänger an deutschen staatlichen Universitäten oft in überbelegten Räumen zusammenquetschen müssen – wenn sie überhaupt einen Studienplatz bekommen haben –, sorgen sich ultramodern eingerichtete Privatunis um die zukünftige supranationale englischsprachige Elite.

So ist etwa die 2003 gegründete, in Berlin ansässige »Hertie School of Governance« nicht etwa für die Schulung von Kaufhausfachpersonal zuständig, sondern für zukünftige politische Eliten, die nach amerikanischem System Abschlüsse in »Public Policy« erwerben können, um später in Deutschland Führungsaufgaben wahrzunehmen.

Ein anderes Beispiel ist die »European Business School« (EBS) auf Schloss Reichartshausen mit ihrem CEO[85] und Young Global Leader Prof. Dr. Christopher Jahns. Die bereits 1971 gegründete hessische Privatuni für Wirtschaft und Recht ist komplett auf das US-amerikanische System eingestellt: Lehrinhalte, Abschlüsse, Titel sind von dortigen Universitäten übernommen. Die Unterrichtssprache ist Englisch.

Auf der Homepage der EBS wird am 23.3.2009 über die Entscheidung des Weltwirtschaftsforums in Davos berichtet, auch einige deutsche Young Leaders als visionäre »High Potentials« in den globalen Jungeführerclub aufzunehmen: *»Unter den Neuberufungen ist Deutschland mit neun Mitgliedern vertreten, darunter neben Jahns auch Bundeswirtschaftsminister Karl-Theodor zu Guttenberg, Renn-*

fahrer Michael Schumacher und Coca-Cola Deutschlandchef Damian Gammell. Auch Prominente wie Kronprinz Haakon von Norwegen [...] gehören dem Kreis international herausragender und visionärer Entscheider unter 40 Jahren an. [...] ›Diese Wahl ist sowohl für mich persönlich als auch für die gesamte Hochschule, das von mir gegründete Supply Chain Management Institute (SMI), unsere strategischen Partner wie BrainNet und für alle meine direkten Förderer eine sehr große Ehre‹, erklärte Jahns.«[86]

Zurzeit ist die EBS jedoch in schweres Fahrwasser geraten: Eine »Spiegel«-Recherche[87] hatte im Januar 2011 merkwürdige Verbindungen zwischen CEO Jahns und »BrainNet«, einem Netz aus Beraterfirmen, bei denen Jahns im Verwaltungsrat sitzt, aufgedeckt. Damit fand er sich in der beneidenswerten Lage, Rechnungen an sich selbst ausstellen und begleichen zu können, was ihm den Vorwurf einbrachte, Amtliches und Geschäftliches nicht ausreichend auseinandergehalten zu haben. Ein weiterer »Spiegel«-Bericht meldet: *»180.000 Euro soll Jahns von der EBS ohne Gegenleistung an seine eigenen Firmen transferiert haben.«*[88] Die Staatsanwaltschaft ermittelt gegen ihn wegen Untreue, an der Hochschule brach Chaos aus, das Bundesforschungsministerium legte einen Förderantrag der EBS auf Eis, inzwischen trat Jahns von seinem Amt zurück. Die Durchsuchung der Hochschule und seine Verhaftung sind weitere negative Höhepunkte.[89] Die in die Kritik geratenen Beziehungsnetzwerke rund um die EBS sollten zum Nachdenken über die hochgelobten Privatuniversitäten amerikanischen Stils anregen. Garantiert die traditionelle staatliche Alma Mater die Unabhängigkeit von Forschung und Lehre vielleicht doch besser?

Noch einmal aus der Selbstbeschreibung der Privat-Uni: *»EBS Ausbildung mit hohem ethischem Anspruch: Ein Kriterium für die Berufung Jahns' in den Kreis der Young Global Leaders ist das klare Commitment zum Leadership-Verständnis der EBS: Ziel der Hochschule ist es, Führungskräfte für die internationalen Märkte auszubilden, die neben* *exzellenten Management-Skills auch über ein hohes Maß an sozialer Verantwortung und interkultureller Kompetenz verfügen.«* Der hohe ethische Anspruch und das Commitment sowie die Skills für einwandfreie Leadership – ob sie ausreichend waren?

Ein weiteres Beispiel für ein transatlantisches Bildungsunternehmen ist die private »Bucerius-Law-School« der Zeit-Stiftung bei Hamburg. »Zeit«-Gründer Gerd Bucerius (1906–1995) und die Stiftung, die sein gesamtes Vermögen aufnahm, waren bzw. sind der Atlantik-Brücke eng verbunden. An dieser privaten »Law School« können die Sponsoren aus der Wirtschaft den Nachwuchs »sichten« und sich frühzeitig das »Passende« heraussuchen: *»Die Bucerius Law School ist rein privat finanziert. Für das solide Fundament der Hochschule sorgt ihre Gründerin, die ZEIT-Stiftung Ebelin und Gerd Bucerius[90]. Studiengebühren und die Zuwendungen einer wachsenden Zahl von Kanzleien, Unternehmen, Stiftungen und Privatleuten versetzen die Bucerius Law School in die Lage, besondere Wege in Lehre und Forschung zu gehen. Haben Sie Teil am Erfolg der Bucerius Law School, indem Sie die Hochschule fördern. Die Möglichkeiten sind vielfältig. Alle Förderer erhalten u. a. die exklusive Möglichkeit, frühzeitig mit den Studierenden und den Alumni, den Absolventen der Bucerius Law School, in Kontakt zu treten.«*[91]

Nach Aufruf Anruf: Versuch einer Guttenberg-Rettung

Die Atlantik-Brücke stellt sich selbst als »überparteilich« dar, sie vermittle lediglich Kontakte, liefere einen Rahmen für Gespräche, sei bloß *»sympathiebildend, kontaktvermittelnd, katalysatorisch«*[92]. Ist dem tatsächlich so?

Am 23.2.2010 startete »Bild« bekanntlich eine Rettungsaktion für den leidgeplag(ia)ten Verteidigungsminister: *»Deutschland stimmt ab. Der Guttenberg-Entscheid«*.

Da wollte auch mancher bei der Atlantik-Brücke nicht untätig bleiben und koordinierte die Bemühungen der »Bild-Zeitung« mit den eigenen: Die ehemalige Geschäftsführerin und rechte Hand des langjährigen Vorsitzenden und jetzigen Ehrenvorsitzenden Walther Leisler Kiep, Beate Lindemann, rief die Mitglieder und Freunde dazu auf, sich an der Anrufaktion zu beteiligen und sich für den Verbleib des Young-Leaders-Alumnus Karl-Theodor zu Guttenberg im Amt des Verteidigungsministers auszusprechen.

Die Solidaritätskampagne war natürlich nicht dazu angetan, das Selbstporträt der Atlantik-Brücke als unabhängiger, unparteiischer Institution zu stärken. Das wiederum rief den neuen Vorsitzenden Friedrich Merz (ehemals CDU-Generalsekretär) auf den Plan. Erst im Sommer letzten Jahres war er nach seinem von »Alt-Atlantiker« Kiep geforderten Rücktritt am 1. Juni in geheimer Abstimmung der Mitglieder erneut in sein Amt eingesetzt worden. Er hatte sich vermeintlich gegenüber dem »Tandem« Kiep-Lindemann durchgesetzt, wollte das Brücke-Unternehmen auf einen neuen Sparkurs führen, ungebremste Reiseaktivitäten zügeln, 200.000 Euro Schulden mit einem Austeritätsprogramm[93] abbauen – und jetzt das! Kiep hatte Merz ursprünglich zur Brücke geholt, ihn aber dann doch wieder loswerden wollen und als Begründung dafür das Buch ins Feld geführt, welches Merz mit Wolfgang Clement geschrieben hatte.[94] Dies sei ein zu starker Eingriff ins politische Tagesgeschehen gewesen. Die geforderte strenge Zurückhaltung wurde jedoch dann im Fall Guttenberg zum Leidwesen des neuen Vorsitzenden völlig über Bord geworfen. Die »FAZ« berichtete am 24.2.2011:

»Die Reaktion kam noch am späten Nachmittag desselben Tages: In einem elektronischen Rundbrief an die Mitglieder und an die ›Young Leaders‹-Alumni distanzierte sich der Geschäftsführende Vorstand der Atlantik-Brücke vom Aufruf der früheren Geschäftsführerin des Vereins, Beate Lindemann. [...] Frau Lindemanns Aufruf sei kein Aufruf der Atlantik-Brücke und gebe auch nicht deren Meinung wieder, stellte der Vorstand klar. Der gesamte Vorstand der Atlantik-Brücke sei von dem Vorhaben Frau Lindemanns nicht informiert gewesen. ›Wir distanzieren uns ausdrücklich von diesem Aufruf‹, der am Mittwoch um die Mittagszeit unter Angabe der bei ›Bild‹ zu wählenden Telefonnummer verschickt worden war. Danach hatten sich, wie es heißt, viele Mitglieder der Atlantik-Brücke – darunter auch solche, die auch ›Young Leaders‹-Alumni sind – bei der Geschäftsstelle in Berlin empört gemeldet. Das Meinungsbild sei einhellig negativ gewesen.

Erst Anfang des Monats war Frau Lindemann, die weiterhin dem Vorstand angehört und jetzt die ›Young Leaders‹-Alumnus Organisation ›Atlantik Forum‹ leitet, in großem Rahmen verabschiedet worden. Ihre Nachfolgerin als Geschäftsführerin des Vereins, der seine Arbeit dem Verhältnis zu Amerika widmet, ist seit 1. Januar Eveline Metzen. Streitigkeiten im Vorstand hatten die Atlantik-Brücke, deren Vorsitzender der frühere CDU-Politiker Friedrich Merz ist, im vergangenen Jahr an den Rand einer Krise gebracht, was auch der Öffentlichkeit nicht verborgen geblieben war. Merz hatte Guttenberg am 8. Februar in Frankfurt einem großen Publikum mit freundlichen Worten vorgestellt, bevor der

Verteidigungsminister die diesjährige ›Arthur Burns Memorial Lecture‹ hielt. Zwei Wochen später hat der Streit um die politische Zukunft des Verteidigungsministers auch die Atlantik-Brücke erfasst.«

Die geheimen Depeschen: Westerwelle versus Guttenberg im Transatlantik-Check

Im November 2010 wurden Zehntausende von Depeschen aus US-Botschaften in der ganzen Welt an das Pentagon ausgewählten europäischen Medien vorab zur Auswertung zur Verfügung gestellt. Die »Kabel« sind mittlerweile auf der Wikileaks-Seite, nach den verschiedenen Botschaften geordnet, abrufbar.[95]

Der US-Botschafter in Berlin, Philip D. Murphy, schickte bis 2010 immerhin 1719 Berichte nach Washington. Dabei berief er sich auch auf Informanten aus deutschen Parteien. Ein FDP-Politiker, ausgerechnet der Büroleiter Westerwelles, Helmut Metzner, musste mittlerweile seinen Sessel räumen: Er hatte Murphy quasi ununterbrochen im Oktober 2009 über den Stand der Koalitionsverhandlungen zwischen CDU/CSU und FDP auf dem Laufenden gehalten.

»Muss die Bundesregierung nun einen Verräter in den eigenen Reihen suchen, der, noch ehe die Koalition beschlossene Sache ist, den Entstehungsprozess der deutschen Regierung an die Amerikaner übermittelte? Und wie soll die Regierung auf US-Diplomaten reagieren, die Quellen in der Beletage der deutschen Politik führen und in Berlin zuweilen auftreten, als wären sie Mitarbeiter von Nachrichtendiensten?«, fragte sich der »Spiegel« am 29.11.2010. *»Zwischen berechtigtem diplomatischem Interesse und nachrichtendienstlichem Führen von Quellen liegt ein schmaler Grat. Würden russische oder chinesische Diplomaten auftreten und deutsche Mitarbeiter von Regierungsparteien, Denkfabriken oder Ministerien ansprechen, wären sie ein Fall für die deutsche Spionageabwehr.«*[96]

Wie bereits dargelegt, gehören Westerwelle wie auch Guttenberg zur Atlantik-Brücke, beide sind zweifelsfrei Transatlantizisten. Wie werden die beiden von Botschafter Philip D. Murphy in Berlin eingeschätzt? Im Folgenden machen wir anhand der Depeschen Murphys mit beiden den »Transatlantik-Check«.

Im Februar 2010 stand erneut eine Abstimmung im Deutschen Bundestag über das sogenannte Afghanistan-Mandat an. Die US-Amerikaner wollten unbedingt eine Aufstockung der deutschen Truppen erreichen. In dieser Situation berichtet Botschafter Murphy am 4.2.2010 über einen Besuch zu Guttenbergs in der US-Botschaft vom Vortag: *»Verteidigungsminister zu Guttenberg eröffnete bei einem Treffen mit Botschafter Murphy am 3. Februar, dass der Koalitionspartner Außenminister Westerwelle – nicht die oppositionelle Sozialdemokratische Partei – das größte Hindernis für die Regierung bei der Forderung nach einer Aufstockung der Truppen in Afghanistan gewesen sei.«*

Westerwelles Skepsis in Sachen zusätzliche Truppen sei von dem Wunsch beseelt gewesen, zu Guttenberg *»›an seinen Platz zu stellen‹. Als Begründung für die niedriger als erwartete Aufstockung der Zahl deutscher Truppen für Afghanistan sagte zu Guttenberg dem Botschafter, dass Westerwelles Eröffnungsposition bei den Koalitionsverhandlungen über das neue Mandat gewesen sei: ›kein einziger zusätzlicher Soldat.‹ In diesem Zusammenhang sei es schwierig gewesen, überhaupt eine Zustimmung zu irgendeiner Aufstockung zu bekommen. Kommentar: Zu Guttenberg hatte 1500 zusätzliche Soldaten bei der kleinen Kabinettsrunde am 4. Januar vorgeschlagen ...«*[97]

Helmut Metzner musste dafür gehen, dass er dem US-Botschafter brühwarm aus den schwarz-gelben Koalitionsverhandlungen berichtete; Guttenberg tut dies mit größter Selbstverständlichkeit, ja mehr noch, er beklagt sich bei Murphy über den deutschen Außenminister!

Westerwelle eilt nun seinerseits am folgenden Tag in die US-Botschaft und rapportiert Murphy. Die Münchner Sicherheitskonferenz stand bevor, und auch der iranische Außenminister Mottaki sollte anreisen – eine für Transatlantiker »kitzlige« Situation. Westerwelle beruhigte den Botschafter: Nein, er habe Mottaki nicht eingeladen, *»seine Position sei genau dieselbe wie die der USA beim Thema Iran, und er würde die Ergebnisse jedweden Treffens mit Mottaki, falls ein solches zustande käme, mitteilen«*. Westerwelle verspricht, auch mit dem chinesischen Außenminister Yang über den Iran zu sprechen und das Ergebnis *»den USA mitzuteilen. Auch regte er an, sich doch in Sachen Iran [Versuch der vollständigen Isolierung des Landes] mehr auf Brasiliens Präsident Lula zu konzentrieren, da er ein Meinungsführer in der dritten Welt sei. Er habe vor einigen Monaten den iranischen Präsidenten herzlich empfangen.«*[98]

Westerwelle bietet somit Murphy seine »Dienste« an; nichts anderes hatte auch sein Büroleiter getan. Ein recht merkwürdiger diplomatischer Stil, der im Ausland sicherlich registriert werden wird: Wenn in Zukunft ein Staatschef eines Landes ein Gespräch mit unserem Außenminister führt, muss er sich bewusst sein, dass dessen Inhalt vermutlich umgehend an den US-Botschafter in Berlin weitergeleitet wird.

Im Weiteren äußerte sich auch Westerwelle über die geplante Truppenaufstockung in Afghanistan. Er erklärte Murphy eingehend die vermutliche Haltung der SPD und der Grünen zu diesem Thema und erwähnte die anstehenden NRW-Wahlen. Steinmeier zeige guten Willen, Gabriel wolle eher aus innenpolitischen Motiven politisieren. Er hoffe, *»der Botschafter werde mit Steinmeier sprechen«*.

Die Beispiele enthüllen, dass es für deutsche Politiker völlig normal zu sein scheint, den US-Botschafter in politische Entscheidungsprozesse Deutschlands einzubeziehen, sowohl informativ, als auch um ihn als Akteur zu involvieren.

Analysten hatten zwar Westerwelles angebliche, von Guttenberg dem US-Botschafter hintertragene »Opposition« zu weiteren deutschen Truppenaufstockungen positiv gewertet, quasi als unerwartete Charakterstärke des Außenministers, womöglich in deutschem Interesse. Dass dies jedoch eine Überbewertung ist, wird durch Westerwelles weitere Einlassungen in der Sache deutlich. Murphy: *»Er schien bereit, jede Andeutung von sich zu weisen, er unterstütze eine Truppenaufstockung weniger. Der Verteidigungsminister hatte dem Botschafter vor zwei Tagen erzählt, dass Westerwelle nicht für eine Aufstockung der deutschen Truppen für Afghanistan (siehe Berlin 157) gearbeitet habe und die Bedeutung des zivilen Wiederaufbaus betont habe.«*[99]

Der Inhalt der beiden zitierten Depeschen vermittelt ein einigermaßen merkwürdiges Schauspiel in der US-Botschaft in Berlin: Guttenberg schwärzt Westerwelle beim US-Botschafter an, der Außenminister eilt seinerseits am nächsten Tag in die US-Botschaft, um all das weit von sich zu weisen, bezichtigt die SPD einer zögerlichen Haltung in Sachen Truppenaufstockung und bittet den Botschafter sogar einzugreifen. Das mag zum transatlantischen Ton gehören – aber weswegen musste Helmut Metzner dann eigentlich gehen? Brauchte man nur einen Sündenbock fürs Volk?

Über Guttenberg gab es in den Geheimdepeschen schon direkt nach seiner Amtseinführung als Verteidigungsminister 2009 interessante Einschätzungen zu lesen: *»Seine Ernennung hat schon bei Mitarbeitern des [deutschen] Verteidigungsministeriums beträchtlich die Stimmung gehoben; sie glauben, dass Guttenberg das VM [Verteidigungsministerium] wieder zu einem wirklichen Akteur in der deutschen Sicherheitsdebatte machen wird. Er ist ein Transatlantizist und in Washington wohlbekannt. Er wird dem Verteidigungsministerium wahrscheinlich ein schärferes Profil geben. [...] Zu Guttenberg, ein starker Transatlantizist – hat in Washington gute Verbindungen und hat schon einen starken Hintergrund in Außen- und Sicherheitspolitik.«*[100]

Und über Westerwelle schreibt Murphy am 18.9.2009: *»Er ist ein Transatlantizist, stellt aber den Umfang der US-Macht und US-Rufe nach einem stärkeren deutschen Engagement [in Afghanistan] in Frage. [...] Anders als sein zukünftiger möglicher Kabinettskollege CSU-Wirtschaftsminister Karl-Theodor zu Guttenberg hat Westerwelle wenig professionelle Erfahrung in den Vereinigten Staaten, da er nie bedeutende Anstrengungen unternommen hat, sich der Washingtoner Politik-Community vorzustellen. [...] Falls Westerwelle Außenminister würde, können wir eine Diplomatie der liebevollen Strenge von jemandem erwarten, der sich mit Stolz als unser ›enger‹ Freund bezeichnet, der aber in Wirklichkeit skeptisch gegenüber den USA und ihren außenpolitischen Zielen bleibt. Westerwelle wird ein Freund sein, aber er wird nicht zögern, uns zu kritisieren, wenn vitale deutsche Interessen auf dem Spiel stehen oder bedroht sind. Westerwelles Stacheligkeit gegenüber den Vereinigten Staaten würde wahrscheinlich durch die langersehnte Aufmerksamkeit von Washington, die er erhielte, neutralisiert werden können, falls er Außenminister würde.«*[101]

Im Verlauf desselben Berichts nimmt Murphy einen erneuten Anlauf, Westerwelle zu charakterisieren. Punkt 7 ist überschrieben: »Ein Transatlantizist mit einem Drall«. *»Bei einem Treffen am 30. Juni bekräftigte Westerwelle schnell seine transatlantischen Referenzen. Jedoch bestimmt Westerwelles Sicht der Rolle der Vereinigten Staaten in der Welt seine Art von Transatlantizismus. Laut Westerwelles politischem Biografen Majid Sattar*[102] *war Westerwelle nie in der Lage, seine Skepsis darüber, wie die Vereinigten Staaten ihre Macht in der Welt ausüben, abzuschütteln. Sattar zitiert eine Unterhaltung mit dem ehemaligen US-Botschafter in Deutschland Richard Burt (1985–1989) und erinnert sich, wie Westerwelle energisch eine Diskussion unterbrach, die der Botschafter über das Thema US-Außenpolitik während des Kalten Krieges führte und sagte: ›Aber Sie sind nicht der Weltpolizist.‹ Sattar erzählt weiter, dass Westerwelle immun gegen jede ›transatlantische Gehirnwäsche‹ sei. Obwohl Westerwelle bei seiner Rede vor der DGAP [Deutsche Gesellschaft für Auswärtige Politik, Rede vom 9.5.2009] die*

Vereinigten Staaten unter der Bush-Regierung für ihren übertriebenen Fokus auf dem Krieg gegen den Terror und den Unilateralismus kritisierte und sagte, die Vereinigten Staaten hätten ihren Kompass mehr als einmal verloren, änderte Westerwelle schnell seinen Tonfall, als er über den positiven Einfluss sprach, den Präsident Obama seit seiner Wahl auf die US-Außenpolitik habe.«

Soweit Murphy. Die für Deutsche interessante Einschätzung der Person Guttenbergs ist eindeutig: Er erhält die Note »1« mit Sternchen in Sachen Transatlantizismus, die Note eines Musterschülers. Westerwelle dagegen wird ein ums andere Mal Abweichlertum unterstellt, wenn er sich auch immer wieder bemüht, die Scharte auszuwetzen. Westerwelles Note liegt daher mehr bei einer gefühlten »3«.

Bei zu Guttenberg gibt es hinsichtlich seiner Haltung den USA und ihrer Politik gegenüber kein Spannungsfeld, da er in den Murphy-Berichten schlicht und ergreifend wie ein amerikanischer Regierungsbeamter wirkt. Ein minimales Spannungsfeld wäre aber nötig, um überhaupt Politik für Deutschland machen zu können, da diese ansonsten nur Ausführung und Erfüllung von Interessen wäre. Von daher könnte man noch am ehesten Westerwelle einen gewissen Restspielraum in Bezug auf die Interessenvertretung Deutschlands attestieren.

Eine Politik des Lavierens, letztlich aber des Aufgebens deutscher Interessen muss auch bei Young-Leaders-Alumnus Thomas de Maizière, bis vor Kurzem noch Innenminister, jetzt Guttenbergs Nachfolger als Verteidigungsminister, konstatiert werden: Im November 2009 stand die Abstimmung zum SWIFT-Abkommen an. Es beinhaltete die vollständige Weitergabe sämtlicher deutscher (bzw. europäischer) Bankdaten des internationalen Zahlungsverkehrs an die USA, worauf Letztere mit dem probaten Stichwort »War on Terror« massiv gedrängt hatten.

Der Bundesverband der Deutschen Industrie warnte damals vor der Möglichkeit von Wirtschaftsspionage: *»Daten des sensiblen Zahlungsverkehrs von Unternehmen ließen Rückschlüsse auf Märkte, Vertragspartner und Geschäftsvolumina zu.«*[103]

Gegen den Widerstand in den eigenen Reihen und den der FDP, insbesondere von Justizministerin Sabine Leutheusser-Schnarrenberger, enthielt sich de Maizière bei der Abstimmung der Stimme und machte so den Weg für das umstrittene SWIFT-Abkommen frei. Selbst die Enthaltung wird von Botschafter Murphy in seinen Berichten noch negativ vermerkt!

Ab dem 28.11.2010 musste sich der Botschafter, der 23 Jahre bei Goldman Sachs als Investmentbanker gearbeitet hatte, den Auswirkungen der veröffentlichten »Cables« stellen. Wer eine Entschuldigung erwartet hatte, wurde eines Besseren belehrt: Murphy ließ zunächst verlauten, seine Angestellten hätten *»nichts falsch gemacht«*; er werde sich *»für nichts entschuldigen, das sie gemacht haben«*. Und: *»Mich macht das unglaublich wütend, und die deutsche Regierung hat ebenso Grund, sich zu ärgern über denjenigen, der die Dokumente heruntergeladen hat. Ich bin stinksauer.«*[104]

Am 5. Dezember 2010 äußert er sich gegenüber der »Welt am Sonntag«: *»Ich bin wirklich erschüttert und wütend, dass dieses Leck entstanden ist. Und ich entschuldige mich überall dafür.«*[105]

Merkwürdig, *wofür* er sich entschuldigt ...

Teil III

Das Aspen-Institut zu Berlin: transatlantisches Elitenmanagement

Das Jahr 2002 war für Karl-Theodor von und zu Guttenberg ein Karrierejoker: Nach der Wahl in den Deutschen Bundestag, der Berufung in den Auswärtigen Ausschuss desselben, der Ernennung zum »Jungen-Führer-Schüler« bei der Atlantik-Brücke bzw. seinem US-Gegenstück, dem American Council on Germany, wird er auch noch in das Young-Leaders-Programm des Berliner Aspen-Instituts[106] aufgenommen.

Das Aspen-Institut mit Sitz in Berlin ist in den Medien kaum präsent, nichtsdestotrotz hat es großen Einfluss auf deutsche Eliten, speziell in der Außen- und Sicherheitspolitik – nicht zuletzt deswegen, weil auch diese Einrichtung ein Young-Leaders-Programm betreibt.

Guttenberg selbst lässt die eigentliche Bedeutung des Aspen-Instituts (und der Atlantik-Brücke) mit der Bezeichnung »Führungsgremium« durchblicken: *»Zu Guttenberg in außenpolitisches Führungsgremium berufen«.*[107]

Das Institut beschrieb im Februar 2009 sein Wirken wie folgt: *»Das Aspen Institute ist eine internationale, überparteiliche und gemeinnützige Institution, die sich der Förderung moralischer Entscheidungsgrundlagen in der Außen- und Sicherheitspolitik verpflichtet hat. Das Augenmerk des Aspen Institute konzentriert sich daher auf die Bildung von nachhaltigen Netzwerken und die Ausrichtung eines offenen und kritischen Diskurses unter Führungskräften aus Europa, Amerika und dem Mittleren und Nahen Osten. […] Auf zahlreichen Tagungen, Konferenzen und Diskussionsrunden werden so schwierige Fragen der aktuellen Außen- und Sicherheitspolitik in detaillierten, offenen und ver-*

trauensvollen Gesprächsrunden erläutert, um gemeinsam nach Lösungen zu suchen.«[108]

Moralische Entscheidungsgrundlage also ... Aktuell heißt es noch schwammiger: »*Entsprechend der Aspen-Mission hat es sich zum Ziel gesetzt, den weltweiten Dialog über die Werte, Kompetenzen und Ideale zu fördern, die zur erfolgreichen Bewältigung der Herausforderungen in einer globalisierten Welt erforderlich sind. Zu diesem Zweck lädt Aspen Deutschland führende Persönlichkeiten aus Politik, Wirtschaft und Gesellschaft zu Konferenzprogrammen und Gesprächsrunden ein.«*[109]

Und 2010: »*Das Institut stellt eine globale Plattform zur Verfügung, auf der sich Führungskräfte aus der Politik, Wirtschaft, Kunst und Kultur sowie zivilgesellschaftlichen Organisationen vertieft über die geistigen und moralischen Grundlagen zur Lösung moderner Herausforderungen austauschen.«*[110]

Aus »schwierigen außen- und sicherheitspolitischen Fragen« waren jetzt einfach »moderne Herausforderungen« geworden.

In Wirklichkeit gibt es seit Jahren konkrete außenpolitische Programme, die darauf zielen, die Zivilgesellschaften im Iran, in Syrien und im Libanon zu verändern (»Dialogforum«). Das Strategieforum Aspens hat dagegen den gesamten Nahen Osten im Visier.

Zum Thema Finanzierung vermeldet die Homepage: »*Aspen Deutschland ist eine gemeinnützige Organisation. Das Institut finanziert sich über die Shepard Stone Stiftung, öffentliche Fördermittel sowie private Spenden«* – was bedeutet, dass die Organisation (neben großzügigen Spenden von Konzernen und Großbanken) auch auf Kosten der öffentlichen Hand existiert: In den jeweiligen Jahresabschlussberichten[111] werden die Spender dann aber aufgeführt – jedoch ohne Angabe der Spendenhöhe, sodass sich der Steuerzahler kein Bild machen kann, mit welchen Geldern er für den Erhalt des Instituts zur Kasse gebeten wird.

Neben Spenden aus dem US-Außenministerium erhielt das Aspen-Institut demnach im Jahr 2009 auch Steuermittel vom Bundesministerium für Wirtschaft und Technologie (European Recovery Program), der Kreditanstalt für Wiederaufbau (KfW), dem Berliner Senat, der Landesregierung Brandenburg, der Botschaft der Bundesrepublik Deutschland in Albanien und dem Generalkonsulat der Bundesrepublik Deutschland in Istanbul.

Das Transatlantische Programm des Bundesministeriums für Wirtschaft und Technologie wurde über die Stiftung des German Marshall Fund abgewickelt. Dazu heißt es beim Bundesministerium für Wirtschaft und Technologie am 1. 9. 2008:

»Aus Anlass des 25. Jahrestages der Verkündung des Marshallplans hatte die Bundesrepublik Deutschland 1972 dem amerikanischen Volk aus dem ERP-Sondervermögen (ERP = European Recovery Program) eine Dankesspende gewährt, die insgesamt 250 Mio. DM betrug. Sie wurde in jährlichen Raten von jeweils 10 Mio. DM bereitgestellt. Die Dankesspende diente im Wesentlichen dem Aufbau des Stiftungsvermögens des German Marshall Fund of the United States (GMF). Mit den Erträgen aus diesem Vermögen fördert der GMF Projekte, die die Verständigung und Zusammenarbeit zwischen Europa und Amerika zum Ziel haben. 1996 wurde die letzte Rate der Dankesspende gezahlt und damit die Maßnahme beendet.«[112]

Es gibt jedoch ein Nachfolgeprojekt: *»Die Bundesregierung hat ab 1997 als Nachfolge der Dankesspende aus Mitteln des ERP-Sondervermögens ein ›Deutsches Programm für transatlantische Begegnung‹ ins Leben gerufen. Es soll die Erinnerung an George C. Marshall wach halten und in seinem Sinne die transatlantische Partnerschaft fördern.«*

Fördermittel gibt es im Bereich Kultur, Bildung, Wirtschaft und Wissenschaft mit dem Ziel der *»Förderung der Begegnung insbesondere von jungen Menschen, Multiplikatoren und Nachwuchsführungskräften«*, *»Meinungsaustausch über aktuelle und zukunftsorientierte Themen«* sowie *»Begegnung zur Förderung der wirtschaftlichen Zusammenarbeit«*.

Die Geschäftsstelle für die Durchführung des Deutschen Programms für transatlantische Begegnung befindet sich im Bundesministerium für Wirtschaft und Technologie, Referat II C 1, 53107 Bonn.

Aktuelle Liste des Führungspersonals des Aspen-Instituts
(aus dem Jahresbericht 2009[113])

Vorstand

Charles King Mallory IV, Chairman of the Management Board & Executive Director, Aspen Institut Deutschland e. V.
Dr. Christoph Abeln, Founder, ABELN Attorneys for Labor Law
August von Joest, Partner, Odewald & Compagnie
Prof. Dr. Joachim Krause, Professor of International Relations, Director, Institute for Security Policy Christian-Albrechts University, Kiel
Peter Lennartz, Partner, Ernst & Young
Urs Schwerzmann, CEO, Schwerzmann & Team AG Corporate Communications

Kuratorium

Leonhard H. Fischer, CEO, RHJI Swiss Management, LLC
Prof. Dr. Volker Berghahn, Seth Low Professor of History, Columbia University
Dr. Hildegard Boucsein, Staatssekretärin a. D.
Reinhard Bütikofer, ehem. Bundesvorsitzender, Bündnis 90/Die Grünen
Dr. Gerhard Cromme, Vorsitzender des Aufsichtsrates, Siemens AG & Thyssen Krupp AG

Dr. Mathias Döpfner, Vorstandsvorsitzender / Vorstand Zeitungen, Axel Springer Verlag AG
Dr. Jeffrey Gedmin, President / CEO, Radio Free Europe / Radio Liberty
Dr. Manfred Gentz, President, International Chamber of Commerce
Mircea Geoana, President of the Board, The Aspen Institute Romania
Jamshyd N. Godrej, Chairman, The Aspen Institute India
Gerd Häusler, Senior Advisor and Member of the Board, RHJ International SA, RHJI Swiss Management, LLC.
William B. Inglee, Vice President, Legislative Affairs, Lockheed Martin Corp.
Walter Isaacson, President & CEO, The Aspen Institute
Josef Joffe, Herausgeber, Die Zeit
Dr. Claus Kleber, Managing Editor, ZDF-Heute Journal
Yotaro Kobayashi, Chairman, The Aspen Institute Japan
Sue Koffel, The Math inquiries Project
Helmut F. Meier, Senior Advisor, Booz & Company
Friedrich Merz, Partner, Mayer, Brown, Rowe & Maw, LLP
Dr. Axel Nawrath, Vorstand, KfW-Bankengruppe
Michel Pébereau, Chairman, The Aspen Institute France
Prof. Dr. Friedbert Pflüger, King's College, London
Jürgen Reuning, Vorstandsvorsitzender, Verein der Freunde des Aspen Instituts e. V.
John P. Schmitz, Gray Schmitz, LL
Robert K. Steel, Chairman, The Aspen Institute
Prof. Dr. h. c. Horst Teltschik, Teltschik Associates GmbH
Prof. Giulio Tremonti, Chairman, The Aspen Institute Italia
Karsten D. Voigt, ehem. Koordinator für die deutsch-amerikanische Zusammenarbeit, Auswärtiges Amt
Klaus Wowereit, Der Regierende Bürgermeister von Berlin

Ehrenmitglieder

Georges Berthoin, Honorary European Chairman, The Trilateral Commission

Prof. Dr. Kurt H. Biedenkopf, Ministerpräsident a. D.
Prof. Paul Doty, Director Emeritus, Belfer Center for
Science & International Affairs, JFK School of Government
Harvard University
Dr. Alexander A. Kwapong, Chairman, Council of State
Prof. David Marquand FBA, Principal, ret., Mansfield College, Oxford
Walter Momper MdA, Präsident des Abgeordnetenhauses,
Abgeordnetenhaus von Berlin
Edzard Reuter, Kuratoriumsvorsitzender, Shepard Stone Stiftung
Helmut Schmidt, Bundeskanzler a. D.
Prof. Dr. h. c. Lothar Späth, Vice Chairman Europe, Merrill Lynch
Prof. Fritz Stern, Professor Emeritus, Columbia University,
Department of History
Dietrich Stobbe, Regierender Bürgermeister a. D.,
Stobbe Nymoen & Partner consult GbR
Dr. Richard von Weizsäcker, Bundespräsident a. D.
Prof. Dr. Dr. h. c. Werner Weidenfeld, Ludwig-Maximilian-Universität

(in der Originalversion belassen)

Shepard Stone und das Aspen-Institut

Das Aspen-Institut wurde 1956 im US-amerikanischen Wintersportort Aspen, Colorado, gegründet, sein heutiges Hauptquartier liegt in Washington D. C. 1974 wurde seine erste Zweigstelle in Europa, nämlich in Berlin, errichtet. Bis 1988 war Gründer Shepard »Shep« Stone (1908–1990) auch Direktor des Instituts.

Eine kurze Beschäftigung mit dem Gründer der deutschen Dependance des Aspen-Instituts Stone, der in der »Community« heute noch immer als eine Art Lichtgestalt des Transatlantizismus verehrt wird, kann zugleich genutzt werden, um das Aspen-Unternehmen in einen historischen Zusammenhang zu stellen, der ziemlich erhellend ist.

Auffallend ist zunächst eine Parallele zum Hintergrund des Atlantik-Brücke-Gründers Eric M. Warburg. Wie er war Shepard Arthur Cohen, so sein Geburtsname, (litauisch-)jüdischer Herkunft, aber in den Vereinigten Staaten geboren. Noch in den USA lässt er seinen Nachnamen ändern. 1929 geht er als »Stone« zum Studium nach Deutschland, studiert in Heidelberg und Berlin Staatswissenschaften und Geschichte und promoviert 1932 bei Hermann Oncken über deutsch-polnische Beziehungen. Stone spricht also gut Deutsch, heiratet Charlotte Hasenclever-Jaffé aus angesehener jüdischer Familie und bleibt zeitlebens ein »Berlinophiler«. 1933 kehrt er in die USA zurück, um als Reporter für die »New York Times« zu arbeiten, ist aber als Journalist viel in Osteuropa unterwegs.

Als die USA im Dezember 1941 (nach Pearl Harbour) offiziell in den Zweiten Weltkrieg eintreten, meldet sich Stone freiwillig zur

Armee und wird einer Abteilung für psychologische Kriegführung unterstellt. 1944 landet er mit einem Vorkommando in der Normandie und rückt mit der amerikanischen Armee bis Torgau vor. Bei Kriegsende hilft er in Berlin dabei, Dokumente aus Verstecken des Auswärtigen Amtes für die Amerikaner zu sichern, die bald darauf bei den Nürnberger Kriegsverbrecherprozessen Verwendung finden – auch dies eine Parallele zu Eric M. Warburg, der ja für die Kriegsverbrecherprozesse dolmetschte. Oder zu Henry »Heinz« Kissinger, der ebenfalls mit der US-Armee in Deutschland einzog und einer Abteilung des Heeresgeheimdienstes angehörte, dem CIC (= Counter Intelligence Corps), Vorläufer der heutigen DIA (= Defense Intelligence Agency). Die CIC war für die Aufdeckung von (deutschen) Kriegsverbrechen verantwortlich. Kissinger arbeitete als Übersetzer in der amerikanischen Besatzungszone.

Stone ist bei der amerikanischen Besatzungsbehörde beschäftigt und berät diese bis 1946 beim Neuaufbau des deutschen Zeitungswesens.

Der Gründungsdirektor des Aspen-Instituts Shepard Stone (1908-1990)

Im gleichen Jahr geht er jedoch nach Amerika zurück, um 1949 mit dem neuen Hochkommissar John McCloy nach Deutschland zurückzukehren. Stone knüpft bei seiner Arbeit dort an, wo er aufgehört hatte, denn, so der Historiker Volker Berghahn in seinem Buch »Transatlantische Kulturkriege«[114], war sein Interesse daran, die »psychische Rekonstruktion« Deutschlands mit zu organisieren, zu stark.

So wird er zum Stellvertreter des Sonderberaters für öffentliche Angelegenheiten und Informationswesen beim amerikanischen Hochkommissar in Deutschland ernannt. 1950 steigt Stone zum Leiter des Amtes auf und ist für Medien, Kultur und Wissenschaft zuständig. Dort entwickelt er ein verdecktes Finanzierungsmodell für die neu gegründete deutsche Presse aus Geldern eines Ergänzungsfonds zum Marshall Fund, was die Finanzierung der Presse durch die US-Regierung unsichtbar machen soll.

Weiterhin baut er ein Netzwerk von Amerika-Häusern in Deutschland auf und initiiert ein Austauschprogramm, das Tausende deutscher Studenten und anderer »Leader« in die Vereinigten Staaten schickt. 1952 kehrt Stone zusammen mit McCloy in die USA zurück, beide arbeiten von nun an im Stab der Ford-Stiftung[115]. Von 1954 bis 1968 wirkt er als Direktor von Fords neuem Internationalen Programm mit Schwerpunkt Europa.

Henry Ford und die Rolle der Ford-Stiftung

Henry Ford I. (1863–1947), bekannt als Automobilkönig und Multimillionär, hatte sich schon 1920 als Buchautor mit dem Werk »Der Internationale Jude«, in dem er gegen Juden und Bolschewiken vom Leder zog, einen Namen in einschlägigen Kreisen gemacht. Das verschaffte ihm ein Entree bei den Nazis, die er bereits vor 1933 tatkräftig finanzierte. Ebenso investierte er in die IG Farben. Dafür bekam er von Hitler 1938 das Großkreuz des Deutschen Adlerordens verliehen.[116]

Ford geißelte in seinem Machwerk u. a. die Kriegstreiberei der jüdischen Hochfinanz und entsprechende Profite als »Blutgeld«, fand aber selbst nichts dabei, mit beiden Seiten Geschäfte zu machen, so in den 1930ern mit den von ihm gebrandmarkten Bolschewisten, denen er die ersten Automobilfabriken (in Gorki, UdSSR) errichtete. Auch in den 1950er und 1960er Jahren ließ man bei Ford in der Sowjetunion alle Fahrzeuge produzieren, die für die kommunistische nordvietnamesische Armee bestimmt waren.

Großkreuz des Deutschen Adlerordens, 1938 verliehen an Henry Ford

Nach Fords Tod 1947 verfügte die Ford-Stiftung über 70 Millionen Dollar, eine für damalige Zeiten unglaubliche Summe Geldes. Es kann nur als Ironie der Geschichte bezeichnet werden, dass mit dem Geld der Stiftung eines US-Antisemiten der ersten Stunde, über dessen Verwendung ein US-Amerikaner jüdischer Herkunft verfügte, in Deutschland nach dem Zweiten Weltkrieg der Antisemitismus ausgetrieben und demokratische Gepflogenheiten eingeführt werden sollten.

Die Ford-Stiftung spielte zwischen 1947 und 1966 eine Schlüsselrolle bei der Formung neuer, US-orientierter Eliten in Deutschland, aber auch in anderen europäischen Ländern. Sie beteiligte sich damit führend an der zivilen »Nachbearbeitung« des Zweiten Weltkriegs, in dem es auch um die Ausschaltung Deutschlands als Konkurrenz der Angloamerikaner und Briten gegangen war.

Während und nach dem Krieg ging es zunächst um eine möglichst weiträumige Vernichtung der herrschenden hitlertreuen, später aber auch der hitlerkritischen oppositionellen deutschen Eliten. Diese tragischen Zusammenhänge hat der Münchner Historiker Wolfgang Eggert in seiner Studie »Die Welt ist nicht genug. Stauffenbergs Scheitern im Spiegel der angloamerikanischen Geopolitik«[117] eingehend belegt. Eggert weist eindrücklich nach, dass eine gegen Hitler gerichtete deutsche »Gegenelite« nicht den geopolitischen Kriegsinteressen der Angloamerikaner entsprach, welche ein zu frühes Ende des Kriegs durch einen Putsch in Deutschland fürchteten. Dieser Machiavellismus ging sogar so weit, die Verschwörer des 20. Juli, die von den Nazis noch nicht aufgedeckt worden waren, in der BBC namentlich verlesen zu lassen, d. h. sie zu denunzieren und damit dem Untergang zu weihen.

Henry Ford I. (1863-1947) finanzierte im Zweiten Weltkrieg beide Seiten

Auf einer ähnlichen Ebene lag nach Kriegsende die alliierte Politik der Dezimierung. So wies der bereits erwähnte Historiker James Bacque in seinen Buch »Der geplante Tod« nach, dass man in den Jahren 1944–49 790.000 Kriegsgefangene in amerikanischen und 250.000 in französischen Lagern schlicht verhungern ließ.[118]

Ab 1949 ergab sich dann aus neuen politischen Prioritäten ein Richtungswechsel. Die »rote Gefahr« wurde fortan als größer erkannt denn eine mögliche, noch verbliebene deutsche »braune Gefahr«. Daher wurde ab 1949 auch mithilfe der Ford-Stiftung der gemeinsame Nenner »Antikommunismus« nutzbar gemacht, um deutsche Eliten anzubinden.

Für diese neue Linie machte sich George F. Kennan (1904–2005) stark. Kennan war ein umfassend gebildeter Historiker und gut Deutsch sprechender US-Diplomat, der in späteren Jahren viele seiner Konzepte bereute und noch in hohem Alter mit warnenden Analysen und heftiger Kritik an der amerikanischen Politik aufwartete, so z. B., was den Irakkrieg oder die »Überdehnung« der NATO durch Neuaufnahme osteuropäischer Staaten anbelangt. Allerdings hatte er da schon keinerlei Einfluss mehr.

Kennan gilt als geistiger Kopf der gegen die Sowjetunion gerichteten Politik der Eindämmung (»Containment«). Diese war der Grund, warum man nach 1949 immer entschiedener auf die Wiederbewaffnung Deutschlands drängte. Deutschland wurde im Rahmen dieser Strategie gebraucht.

George F. Kennan über die alliierten Zerstörungen

»Ich fühlte hier zum ersten Mal die unerschütterliche Überzeugung, dass kein momentaner militärischer Vorteil – sogar wenn man kalkuliert hätte, dass es einen solchen gäbe – die enorme, achtlose Zerstörung von Zivilistenleben

und materiellen Werten gerechtfertigt hätte, die im Laufe von Jahrhunderten fleißig von Menschenhänden geschaffen worden waren für Zwecke, die nichts mit Krieg zu tun hatten. Am wenigsten von allem konnte sie durch das Schreien von non sequitur gerechtfertigt werden: ›Sie haben es uns auch angetan.‹ Und plötzlich schien es mir, dass in diesen Ruinen ein nicht beantwortbarer Symbolismus lag, den wir im Westen uns nicht leisten konnten zu ignorieren. Wenn die westliche Welt wirklich vorgab, eine höhere moralische Ausgangsposition zu haben - von größerer Sympathie und Verständnis für das menschliche Wesen, wie es Gott geschaffen hat, wie es nicht nur durch es selbst ausgedrückt wird, sondern auch durch die Dinge, die es geschaffen und bewahrt hat - dann musste er lernen, seine Kriege sowohl moralisch als auch militärisch zu führen oder sie gar nicht erst zu führen.«[119]

Hamburg 1944/45

Wenn wir diese Worte Kennans genau lesen, bemerken wir, dass der einflussreiche US-Diplomat durchaus nicht gegen Kriege an sich war. So hatte er unter Truman 1948 in einem Memorandum eine »politische Kriegführung« mittels verdeckter Operationen gegen die Sowjetunion vorgeschlagen.

In einem Nachruf von »Counterpunch« vom 21.3.2005 wird er so zitiert: *»Die Zeit ist jetzt vollkommen reif für die Schaffung einer Abteilung für verdeckte politische Kriegsführungsoperationen.«*[120] Diese Idee habe er allerdings mit Blick auf die späteren Ergebnisse – die durch die CIA unter massiver Einmischung bewirkten Umstürze im Iran (Mossadegh), Guatemala (Arbenz), Kongo (Lumumba), Südvietnam (Diem) und Chile (Allende) – sehr bedauert: Am Ende blieb *»Kennans melancholisches Eingeständnis, dass seine Idee der politischen Kriegführung ›der größte Fehler war, den ich jemals machte‹«*[121] .

In einem Dossier von »Voltairenet« vom 5.4.2004 mit dem Titel »Die Ford-Stiftung – eine philanthropische Fassade für die CIA« lesen wir über Kennans Einfluss auf die neue Deutschlandstrategie der USA nach 1949: *»Er überzeugte auch den Staatssekretär im Kriegsministerium John McCloy dahingehend, dass er den Geheimdienst, der während des 2. Weltkriegs gearbeitet hatte, nicht abwickelte, sondern ihn an die neuen Zeiten anpasste. Er ist der Theoretiker, der die ›Stay-Behind‹-Taktik förderte, also ein Netzwerk, das anfangs durch faschistische und Nazi-Agenten gebildet wurde und hinter den Frontlinien blieb, nachdem das Reich zusammengebrochen war und welches später von den Anglo-Amerikanern genutzt wurde, um den Kampf gegen den kommunistischen Einfluss in Europa fortzuführen [...] Kennan schuf eine permanente und geheime Struktur im Staatsapparat über den National Security Act, der vom Kongress 1947 bestätigt wurde.«*[122]

Im Rahmen dieser umfassenden Neuordnung der amerikanischen Außen- und Sicherheitspolitik wurde auch die CIA gegründet.[123] Aufgabe des Dienstes waren ausdrücklich auch geheime Auslandsoperationen.

»Voltairenet« weiter: *»Die Struktur war fertig: Parallel zum Stay-Behind-Netzwerk auf politischem Gebiet und dem Marshall-Plan auf wirtschaftlichem wurde die Ford-Stiftung der kulturelle Zweig für US-Einfluss-Netzwerke in Europa.«*[124]

Die internationalen Projekte der Stiftung und das Entwerfen außenpolitischer Strategien machten gewichtiges Personal erforderlich: John McCloy, 1947–49 Weltbankpräsident, anschließend, von 1949–1952, Hoher Kommissar der neu geschaffenen BRD, arbeitete von 1952–65 für die Ford-Stiftung, ab 1953 als deren Präsident, von 1954–1970 für den CFR (Council on Foreign Relations) und lange Jahre im Vorstand der Rockefeller-Bank »Chase Manhattan«.

Als McCloy-Mitarbeiter Shepard Stone 1954 alleiniger Leiter der Abteilung für Internationale und Europäische Angelegenheiten der Ford-Stiftung wird, laufen Millionen Dollar durch seine Hände. Zeitschriftengründungen (»Perspektiven«, »Der Monat«), Kulturfestivals, »Heranpirschen« an die SPD, an Gewerkschaften, Studienprogramme, wissenschaftlicher Austausch. Einladungen in die USA, Kongresse und Konferenzen in Nobelhotels und luxuriösen Villen gaben Amerikanisierung und Kulturtransfer einen angenehmen Rahmen und sind vergleichbar mit den heutigen »Kamingesprächen« in ähnlichen Locations bei Aspen & Co. Immer agierte die CIA im Hintergrund, da sie im »Kampf um Köpfe und Herzen« auch unter Wissenschaftlern und Forschern aus Deutschland und Osteuropa Personal anwerben wollte.

Eine wichtige Rolle spielte in diesem Zusammenhang der von der Ford-Stiftung finanzierte Congress for Cultural Freedom (CCF oder kurz Congress), der sich auch gerade um linksorientierte Intellektuelle bemühte, um diese proamerikanisch auszurichten. Z. B. wurden Heinrich Böll und Siegfried Lenz von 1950 bis 1969 durch den Congress gesponsert.[125]

Einen herben Rückschlag musste man hinnehmen, als ab 1966 ruchbar wurde, dass der Congress eigentlich durch die CIA finanziert und instrumentalisiert worden war. Viele Linksintellektuelle gaben sich empört, so als wäre ihnen bisher trotz Luxusmeetings und Hochglanzmagazinen keinerlei Verdacht gekommen. Man benannte den Congress daher einfach um in »International Association for Cultural Freedom«. »Neuer« Chef: »Shep« Stone.

Die Ford Foundation finanzierte zudem eine direkte CIA-Gründung: das »American Commitee on United Europe« (ACUE), eine Vorläuferorganisation der heutigen EU, die schon damals für einen europäischen Bundesstaat eintrat, was sehr im Interesse Washingtons lag. Präsident William Joseph Donovan und Vize Allen Welsh Dulles waren beide Geheimdienstmänner.

Im Essay »The Ford Foundation and the CIA. A Documented Case of Philantrophic Collaboration with the Secret Police« schreibt der kanadische Soziologieprofessor James Petras, Autor von über 62 Büchern, im Jahre 2001: *»Ende der 1950er-Jahre besaß die Ford Foundation drei Milliarden Dollar an Vermögen. Die Führer der Stiftung waren in völliger Übereinstimmung mit Washingtons Weltmachtbestrebungen nach dem 2. Weltkrieg.«*[126]

Auffällig ist die problemlose Fluktuation des Personals zwischen Geheimdienst, Ford-Stiftung und anderen, ähnlich ausgerichteten Stiftungen (wie etwa der Rockefeller-Stiftung), Posten in der Hochfinanz, im Militär oder direkt in der US-Regierung. Petras kommt zu dem Schluss: *»Die Geschichte von Kollaboration und Verzahnung der Ford Foundation mit der CIA ist jetzt eine wohldokumentierte Tatsache.«*[127]

Er ist der Ansicht, die Ford-Stiftung strebe nach wie vor danach, die kulturelle Weltdominanz Washingtons zu unterstützen, allerdings mit verfeinerten Methoden. So finanziere sie z. B. heute selektiv Menschenrechtsgruppen, die sich auf Menschenrechtsverletzung in Ländern konzentrieren, die US-kritisch eingestellt sind. Denn: *»Die Verbindungen zwischen den Top-Mitarbeitern der Ford Foundation mit der US-Regierung sind eindeutig und halten an.«*[128]

Petras sieht einen neuen, kulturellen kalten Krieg unter gewandeltem Vorzeichen; die Methoden der Rekrutierung und Finanzierung von Organisationen, Intellektuellen und Journalisten seien immer noch dieselben, der Slogan hieß damals allerdings »Communism or Democracy«, heute eben »Terrorism or Democracy«.

Vor diesem Hintergrund kann man Shepard Stones Aspen-Gründung in Berlin 1974 mit gutem Recht auch als Gründung einer etwas verkleinerten Ford-Stiftung in Stones Lieblingsstadt Berlin, quasi maßgeschneidert für ihn, interpretieren – mit dem Unterschied, dass hier nicht mehr Ford I., II. oder III., sondern nunmehr vorwiegend der deutsche Steuerzahler die Rechnung für Stones noble Aktivitäten begleichen musste.

Das bereits erwähnte Buch von Prof. Volker Berghahn zieht als Fazit der transatlantischen Nachkriegsbemühungen den Schluss, der intellektuelle kalte Krieg mit den Sowjets sei Ende der 1950er bereits gewonnen worden. Die panatlantische Kultursphäre sei jedoch eher ein Postulat geblieben, was spätestens in den Studentenprotesten im Gefolge der 1968er deutlich wurde, die sich gegen Amerika als Unterdrücker der Armen und gegen den Vietnamkrieg richteten.

Da kann man nur froh sein, dass Shepard, der gute Hirte, nicht mehr die Proteste wegen des Irakkrieges miterleben musste.

Der Kongress für kulturelle Freiheit

Die Entstehungsgeschichte des »Congress for Cultural Freedom« und ihre Hintergründe sind es wert, etwas genauer untersucht zu werden, Letztere sind einigermaßen überraschend. Die Geschichte des »Congress« ist in vielerlei Hinsicht ein Lehrstück in Bezug auf die Errichtung und Funktionsweise von Elitenetzwerken!

Am Anfang stand ein Kreis von Männern, die sich als intellektuelle Elite verstanden. Alle wurden um das Jahr 1920 in New York in osteuropäisch- oder russisch-jüdischen Auswandererfamilien geboren und besuchten in etwa zur gleichen Zeit das New York City College[129]. Dort traf man sich im Speisesaal des Colleges regelmäßig im »Alcove No. 1« zu hitzigen politischen Diskussionen. Alle Mitglieder des Debattierclubs waren Trotzkisten[130], also gegen Stalin eingestellte Marxisten. Die Männer, welche sich zeitlebens nicht aus den Augen verloren, sollten in Politik und öffentlichem Leben der USA nach dem Zweiten Weltkrieg noch eine entscheidende Rolle spielen: Sie besetzten Schlüsselpositionen in den Medien, der Außenpolitik und den Geheimdiensten, waren als Politikberater oder im akademischen Bereich tätig, und fungierten als »Stichwortgeber« und Vordenker neuer gesellschaftlicher Konzepte, z. B. in der Soziologie. Ihre Weltanschauungen und politischen Ausrichtungen waren vielfältigen Wandlungen unterworfen, trotzdem – oder vielleicht gerade deshalb – gelang es ihnen, die US-amerikanische und europäische Geschichte entscheidend mitzuprägen.

Einer der Mitstreiter der ersten Stunde war Irving Kristol, New Yorker (aus Brooklyn), Sozialwissenschaftler, Historiker, Herausgeber zahlloser Zeitschriften, seit 1972 Mitglied im richtungsgebenden Council on Foreign Relations, seit 1985 im Think-Tank »American Enterprise Institute«, im »American Jewish Committe«, Vordenker bzw. »Pate« des Neokonservatismus. Er schreibt wehmütig über die gemeinsame Zeit im Alkoven Nr. 1 in seinen Lebenserinnerungen »Memoiren eines Trotzkisten«:

»An diesem Ort war es auch und in jener Zeit, als ich die jungen Männer traf – es gab damals im Uptown-Campus keine Frauen –, die meine Freunde fürs Leben wurden. Wir erlebten unseren Radikalismus als ein Privileg des Ranges, nicht als eine Bürde, die uns von einem bösen Schicksal auferlegt worden war. Es wäre uns niemals in den Sinn gekommen, irgendjemanden oder irgendetwas als ›elitär‹ abzuwerten – die Elite waren wir – ›die wenigen Glücklichen‹, die von der Geschichte auserwählt worden waren, um unsere Mitkreaturen hin zu einer säkularen Erlösung zu führen. [...] Andere, die später zu ihrer angenehmen Überraschung feststellten, dass das, was sie im Alkoven Nr. 1 getan hatten, das, was die akademische Welt später anerkennen und großzügig als ›Sozialwissenschaft‹ honorieren würde, waren Nathan Glazer (Harvard), Philip Selznick (Berkeley), Peter Rossi (Johns Hopkins), Morroe Berger (Princeton), I. Milton Sacks (Brandeis), Lawrence Krader und Bernard Bellush (City University), Seymour Melman (Columbia), Melvin J. Lasky ...«[131]

Lasky, in New York City geboren, nach dem Zweiten Weltkrieg Kulturoffizier im amerikanischen Sektor und umtriebiger Herausgeber von »Der Monat« (gegründet 1947), gelang es, mit dem Congress for Cultural Freedom deutsche und europäische Intellektuelle um sich zu scharen. Auf seiner Liste standen u. a. der französische Soziologe und proamerikanische Philosoph Raymond Aron, der sich mit Krieg und Frieden zwischen den Nationen befasste, ebenso Karl Jaspers (deutscher Philosoph und Psychiater), Léon Blum (französischer Sozialist), André Gide (französischer Literaturnobelpreisträger) und der politische Theoretiker James Burnham.

Irving Kristols obige Aufzählung ist unvollständig; daher seien einige weitere bedeutsame Diskussionsteilnehmer des Trotzkistenzirkels kurz vorgestellt, zunächst Sol Levitas – hauptberuflich CCF-Manager und Herausgeber der Zeitschrift »The New Leader«, eines linken, jedoch antikommunistischen Magazins mit Hauptsitz New York, das erst vor Kurzem eingestellt wurde, und Daniel Bell (eigentlich Bolotsky; 1919–2011), Soziologe und wichtiger Vordenker für die Elite. Denis Boneau schreibt 2003 in seinem Artikel »When the CIA Financed European Intellectuals. A Study on the American Influence Network« über Bells zeitweilige Rolle im Nachkriegsfrankreich:

»Die französischen Intellektuellen des ›Congress‹ veröffentlichten ihre Ideen in der Zeitschrift ›Preuves‹, dem Gegenstück zu ›Der Monat‹. Die Rekrutierung wurde durch den Pariser Delegierten für den Congress garantiert, ein Posten, der mit dem New Yorker Intellektuellen Daniel Bell besetzt war, der Forschungsdarlehen und Stipendien (in den Vereinigten Staaten) für junge europäische Intellektuelle als Gegenleistung für ihre Kollaboration im antikommunistischen Kampf garantierte.«[132]

1973 brachte sich Bell, der auch Mitglied im Elitegremium Council on Foreign Relations war[133], mit dem Buch »The Coming of Post-Industrial Society: A Venture in Social Forecasting«[134] ins Gespräch, worin er wichtige Stichworte prägte und mit seiner »Vorhersage« den Weg in die Zukunft wies: Bell proklamierte einen neuen Gesellschaftstyp, die post-industrielle Informationsgesellschaft, in welcher nicht mehr die industrielle Produktion, sondern der Service vorherrsche, Bell sprach bereits von der »Dienstleistungsgesellschaft«.

Dass Bells Konzepte tatsächlich von Politikern umgesetzt wurden, können wir an den USA sehen, die wohl am vehementesten jahrzehntelang in Richtung Dienstleistungsgesellschaft getrimmt wurden und ihre Produktion weitgehend nach Asien »outsourcten«. Auch mit der Vorankündigung einer »Informationsgesellschaft« lag Bell erstaunlich richtig, wurde das Internet doch überhaupt erst Ende der 1970er-Jahre relevant.

Zusammen mit Alkoven-Mitstreiter Daniel Bell gründete Irving Kristol 1965 das Magazin »The Public Interest«, das sich an eine politisch interessierte intellektuelle Elite richtet und Wegbereiter für den Neokonservatismus wurde. An Bord war auch Seymour Martin Lipset, ein politischer Soziologe und Anthropologe, mit beiden Herausgebern durch die »Alkoven«-Zeit verbunden. Lipset seinerseits war neben seiner akademischen Tätigkeit aktiv in einer schier unüberschaubaren Anzahl von Elitenetzwerken, Stiftungen und Gremien, darunter so bedeutsamen wie dem »National Endowment for Democracy«, der »B'nai-B'rith-Loge« oder dem »American Jewish Comitee«. Bei Wikipedia heißt es über die Bedeutung von »The Public Interest«: *»Das Magazin wurde bekannt als das Hauptorgan des Neokonservatismus. [...] Die Redakteure der Zeitschrift wurden als Lehrlinge angesehen und ausgesät in den hohen Journalismus, die akademische Welt und Posten im Regierungsstab. Viele politischen Strategien, die das Magazin gefördert hatte, wurden vom Mainstream der öffentlichen Politik absorbiert.«*[135]

Zuletzt sei noch Arthur Koestler genannt. Er war ursprünglich KPD-Mitglied, nach den Säuberungen und Schauprozessen in der UdSSR (1936–38) dann Stalin-Gegner, hatte nicht wie die anderen in New York studiert, sondern in Wien, sein Vater war ein Deutsch sprechender russisch-jüdischer Industrieller in Ungarn. In seinem umfangreichen schriftstellerischen Oeuvre trug Koestler auch Maßgebliches zur Klärung der Herkunft der aschkenasischen Juden bei.[136] Koestler arbeitete mit Melvin Lasky für das Congress-Projekt »Der Monat«.

Im Juni 2000 »tanzte der Congress« anlässlich seines 50. Jubiläums noch einmal in Berlin im Henry-Ford-Hörsaal (!) der Freien Universität unter dem Motto »Freiheit in der Offensive« und zeigte damit, dass die alten Netzwerke noch aktiv sind. Unter den Anwesenden natürlich auch Melvin Lasky. Dr. Ulrike Ackermann (Konzeption und Leitung) kommentiert dazu: *»Von kommunistischer Seite gehasst und gefürchtet und als CIA-gesteuert denunziert, gelang es den Gründern und Unterstützern, ein wirksames internationales Netz aus Zeitungen, Komitees und Solidaritätsinitiativen zu knüpfen.«*[137]

Die Bedeutung des Trotzkismus für die Elitenbildung

Die Bindung neuer europäischer Eliten an die USA wäre rein organisatorisch ohne ein bereits bestehendes Netzwerk von US-Amerikanern mit jüdischem Migrationshintergrund, die, wie wir gesehen haben, ehemals dem Trotzkismus nahestanden, kaum zu bewerkstelligen gewesen. Durch ihren Hintergrund – auch wenn sie sich schon als säkularisiert bezeichnet haben mögen – könnte ihnen die Idee, »auserwählt«, mithin zur Elite zu gehören, nicht unbekannt gewesen sein. Wie wir der bereits zitierten Einschätzung Irving Kristols entnehmen konnten, wurde der Elitegedanke sogar mit großer Selbstverständlichkeit angenommen.

Der Trotzkismus bedeutete (aus Sicht seiner Gegner) Abweichlertum von der Ideologie des Marxismus-Leninismus. Er forderte eine »permanente Revolution«, ständigen weltweiten Wandel, der von der Elite der Arbeiterräte angetrieben werden sollte. Hinzu kam ein wichtiges Instrument, eine von den Trotzkisten entwickelte Strategie bzw. Taktik, der sogenannte »Entrismus«[138]: Anhänger des Trotzkismus sollten in Parteien und Organisationen gezielt und heimlich eintreten, um durch offene oder konspirative Arbeit ihre Ideen besser verbreiten zu können, und dann von innen heraus Einfluss auf politische Entscheidungen nehmen, neue Mitglieder gewinnen und den Kurs der Partei bzw. Organisation verändern.

Mit diesem intellektuellen Handwerkszeug ausgestattet, waren die Disputanten des Alkoven Nr. 1 nicht schlecht vorbereitet. Es ist u. U. nicht nur eine intellektuelle Spekulation, die Unterwanderung und Neuausrichtung der republikanischen Partei der USA einmal unter diesem Blickwinkel zu sehen: Die Rede ist vom Netzwerk der

Neokonservativen, die sich seit Mitte/Ende der 1970er mit ihren Konzepten und Ideen in der US-Außenpolitik zunehmend durchsetzten, was global sehr konkrete Auswirkungen hatte – an den Folgen leidet die Welt noch heute. Einer der Höhepunkte des neokonservativen Agierens war sicherlich die Gründung von PNAC, dem »Project for the New American Century«, zu Deutsch: »Projekt für ein Neues Amerikanisches Jahrhundert«.

Projekt für ein Neues Amerikanisches Jahrhundert

Das PNAC bildete einen Teil eines weitreichenden neokonservativen Netzwerks von Denkfabriken, Medien, Bildungseinrichtungen, Stiftungen und Werbe- bzw. PR-Agenturen. [...]

Das PNAC vertrat u. a. folgende Thesen:

- US-amerikanische Führerschaft ist sowohl gut für die Vereinigten Staaten von Amerika als auch für die ganze Welt.
- Eine solche Führerschaft erfordert militärische Stärke, diplomatische Energie und Hingabe an moralische Prinzipien.
- Eine multipolare Welt hat den Frieden nicht gesichert, sondern stets zu Kriegen geführt.
- Die Regierung der Vereinigten Staaten soll Kapital schlagen aus ihrer technologischen und wirtschaftlichen Überlegenheit, um durch Einsatz aller Mittel - einschließlich militärischer - unangefochtene Überlegenheit zu erreichen.

Wenn Diplomatie scheitert, seien Militäraktionen ein akzeptables und nötiges Mittel. [...] Das PNAC befürwortet die weltweite Errichtung dauerhafter eigener Militärstützpunkte, um die USA weitestgehend unangreifbar zu machen. Als »Weltpolizist« (bzw. »Weltordnungshüter«) hätten die Vereinigten Staaten die Macht, in einer chaotischen »hobbesianischen« Welt für die Einhaltung von Recht und Gesetz gemäß den von den USA gesetzten Maßstäben zu sorgen - wenn es sein muss, auch ohne Absprache mit oder Rücksichtnahme auf Verbündete und andere supranationale Organisationen, Verträge und sonstige Rechtsverbindlichkeiten (Unilateralismus). Darin sehen alle Kritiker einen klaren geschichtlichen Rückfall hinter die mühselig errungenen Fortschritte im Völkerrecht seit dem Westfälischen Frieden.

Das PNAC und seine Mitglieder haben schon frühzeitig unter anderem die Kündigung des mit der ehemaligen Sowjetunion geschlossenen ABM-Vertrages gefordert. Das PNAC schlug außerdem vor, *»die neuen internationalen Gemeinschaftssphären, Weltraum und virtuelle Welt, zu kontrollieren und den Weg für eine neue Militärgattung - die U. S. Space Forces - mit dem Auftrag, den Weltraum zu kontrollieren, freizumachen.«*

(zitiert aus Wikipedia[139])

Albrecht Metzger charakterisiert das PNAC in »Neokonservative Außenpolitik« folgendermaßen: *»Einer der maßgeblichen Think Tanks der Neokonservativen nennt sich ›Project for the New American Century‹. Er wurde 1997 von Bill Kristol*[140] *gegründet, dem Chefredakteur des Weekly Standard. Der Weekly Standard ist eines des Sprachrohre der Neokonservativen und gehört dem australischen Medienmogul Rupert Murdoch. Bill Kristol hält nicht viel von internationalen Abkommen. ›Wir glauben nicht, dass diese Welt besonders gut funktioniert. Denn wir hatten gerade eine Welt der Abkommen und der Waffenkontrollen, und das war die Welt von Saddam, Nordkorea und Milosevic. Wir glauben einfach nicht, dass das funktioniert. Die Europäer wollen eine Welt der Abkommen, aber am Ende mussten wir doch Gewalt gegen Milosevic anwenden.‹ Bill Kristol schwebt als Alternative eine Welt vor, in der die USA im Alleingang und notfalls mit Gewalt Diktatoren wie Saddam Hussein und Kim Jong Il in die Knie zwingen.«*[141]

Als Alkoven-Mitglied und »Godfather« der Neocons, Irving Kristol, vor zwei Jahren »abberufen« wurde, schrieb die »Welt« in einem Nachruf mit dem Titel »Irving Kristol, der Pate des Neokonservativismus« am 19.9.2009:

»*Als er [Kristol] 1976 Ronald Reagan offen unterstützte, löste er eine intellektuelle Revolution aus. Das international bekannteste Dokument dieser Revolution ist Francis Fukuyamas Buch ›Das Ende der Geschichte‹, in dem er den Determinismus Hegels und Marx' benutzt, um nachzuweisen, dass die Welt auf einen Endzustand hinsteuert, der jedoch nicht der Kommunismus sei, sondern die liberale Demokratie. Nicht alle Republikaner waren über den Zustrom von Neocons in die Partei glücklich. Viele ›Paläokonservative‹ – also Altkonservative – und Anhänger der religiösen Rechten in der Partei argwöhnten einen Komplott zur ›Übernahme der Partei durch versteckte Linke‹. Unterschwellig spielte auch der Antisemitismus eine Rolle; viele Neocons – wie etwa Richard Perle oder Robert Kagan – waren wie Kristol und seine Frau Gertrude Himmelfarb Juden. Dennoch gewannen die Neokonservativen Einfluss, vor allem im außenpolitischen Establishment, nicht zuletzt dank eines Netzes von Thinktanks, das maßgeblich von Irving Kristol aufgebaut wurde.*«[142]

Für die Schaffung einer neuen, »transatlantischen« Elite in Deutschland waren, wie wir sahen, deutschsprachige US-Amerikaner mit jüdischem Hintergrund von entscheidender Bedeutung. Hierzu urteilt James H. Critchfield, US-Offizier, der 1948 der CIA beitrat und in Deutschland für den Aufbau des neuen deutschen Geheimdienstes verantwortlich war, in seinem Buch »Partners at the Creation. The Men Behind Postwar Germany's Defense and Intelligence Establishments«: »*Der Beitrag tausender Amerikaner jüdischer Herkunft, die irgendwo in Europa geboren worden waren und sich in den 1930ern und frühen 1940ern in die Vereinigten Staaten aufgemacht hatten, war ein Hauptfaktor für den Erfolg der Okkupation. Ohne ihre Mithilfe hätten die Vereinigten Staaten nicht das erreicht, was sie im Jahrzehnt nach dem Krieg bewerkstelligten. Jüdische Amerikaner trugen zu einer großen Bandbreite von Besatzungsprogrammen bei, besonders zu denjenigen, die Kenntnisse der deutschen Sprache erforderten. Sie dienten in der Militärregierung, im CIC [Counter Intelligence Corps], im Militärgeheimdienst, im CIG (und später in der CIA), im gesamten System der neu eingerichteten Gerichtshöfe (einschließlich des Internationalen Militärgerichtshofs) und in Dutzenden anderer Aktivitäten, die beträchtliche Interaktion mit den Deutschen verlangten. All jene Aktivitäten hingen von den gut ausgebildeten und hoch motivierten ehemaligen europäischen jüdischen Flüchtlingen ab, die sich meist den Vereinigten Staaten gegenüber für den sicheren Hafen erkenntlich zeigen wollten, den sie ihnen geboten hatten. Dieses lebenswichtige Segment der US-Besatzungsmacht zeigte nur selten eine Rachehaltung. Die meisten offenbarten eine starke kulturelle Affinität für die deutschsprachigen Gebiete Zentraleuropas.«*[143]

Blick nach Großbritannien

Auch wenn wir den Fokus hier hauptsächlich auf die transatlantische Elitenbildung in Deutschland gerichtet haben, darf man nicht vergessen, dass ähnliche Bemühungen in anderen europäischen Ländern parallel abliefen.

So gab es auch Aktivitäten mit dem Ziel, die britische Labour Party und die Gewerkschaften an US-Interessen anzubinden, wozu eine Absage an die in ihrem Parteiprogramm geforderten Verstaatlichungen gehörte. Eine Arbeit, die beim »Global Labour Institute« veröffentlicht wurde, wirft hierauf ein Schlaglicht. Der Bericht »Die Britische Labour-Partei. Mit wem sind wir gereist?« von Richard Fletcher[144] aus dem Jahr 1972 beginnt mit folgender Vorbemerkung: *»Der nachfolgende Artikel war vom Sunday Times Magazine bestellt worden; seine Veröffentlichung wurde in letzter Sekunde von seinem Herausgeber Harold Evans zurückgezogen, während er schon im Druck war, der, nachdem er ihn gelesen hatte, ausrief: ›Aber das sind doch die Leute, die wir unterstützen!‹«* Und weiter im eigentlichen Bericht: *»Seit dem 2. Weltkrieg haben die amerikanische Regierung und ihre Spionageabteilung, die CIA, systematisch daran gearbeitet sicherzustellen, dass die sozialistischen Parteien der freien Welt sich einer Linie unterordneten, die mit den amerikanischen Interessen übereinstimmte. CIA-Gelder können zurückverfolgt werden, wie sie durch den Kongress für Kulturelle Freiheit zu Zeitschriften wie ›Encounter‹ fließen, welche Labour-Politikern wie Anthony Crosland, Denis Healy und dem verstorbenen Hugh Gaitskell eine Plattform für ihre Kampagnen, die Labour-Bewegung von Verstaatlichung und Pazifismus, der in Richtung der Kampagne für atomare Abrüstung ging, wegzubewegen. Der Austausch von Personal verbindet diese Druckgruppe [Pressure Group] der Labour Party mit der merkwürdigen Figur des Prinz Bernhard der Niederlande, der zwanzig Jahre lang die mysteriösen Aktivitäten der* *antikommunistischen Bilderberg-Gruppe gesponsert hat, welche mit verdeckten amerikanischen Geldmitteln lanciert worden war.«*

Fletcher erklärt im Detail, wie die Labour Party gespalten wurde, indem sich eine stark anti-marxistische Gruppe um Emigranten aus Deutschland bildete. Genau diese Emigranten waren ursprünglich vom amerikanischen Militärgeheimdienst aus Deutschland gerettet worden. Dies hatten die US-Gewerkschaften mit großen Geldsummen unterstützt.

»Der Hauptgewerkschaftsvertreter in diesen geheimen Kommandooperationen war Jay Lovestone, ein bemerkenswerter Geheimdienstler, der, obwohl ursprünglich Führer der Amerikanischen Kommunistischen Partei, dazu übergeschwenkt war, verdeckt für die US-Regierung zu arbeiten. Während die alliierten Truppen auf dem Vormarsch waren, folgten Lovestones Männer den Soldaten als politische Kommissare und versuchten sicherzustellen, dass die befreiten Arbeiter Gewerkschafts- und politische Führer bekamen, die für Washington akzeptabel waren – viele dieser Führer waren die Emigranten der Gruppe des ›Socialist Commentary‹. In Frankreich, Deutschland, Italien und Österreich stellten die Kommissare üppige finanzielle und materielle Unterstützung für moderate Sozialisten bereit, die den linksgerichteten politischen Bewegungen den Stachel ziehen würden; die Begünstigten dieses Beistandes überleben bis heute in der europäischen Politik – obwohl das ein andere Geschichte ist.«

Wie wurden diese Aktivitäten von Amerika aus eigentlich koordiniert? Fletcher beschreibt die zentrale Rolle einer linken politischen Zeitschrift: *»In Amerika wurde [die Zeitschrift] ›The New Leader‹ die zentrale Anlaufstelle für diese Aktivitäten. Sie organisierte ein wöchentliches Treffen mit geistigem Austausch für professionelle Antikommunisten in den Gewerkschaften, den Universitäten und für Regierungsmitarbeiter, sowohl in den USA als auch im Ausland. Sie hatte einen relativ großen bezahlten Stab und ein weltweites Netzwerk von herum-*

reisenden Mitarbeitern und Auslandskorrespondenten. Ihr Leitstern als Herausgeber und Geschäftsführer war Sol Levitas, ein russischer Emigrant, der während der Russischen Revolution 1917 mit Trotzki und Bucharin zusammengearbeitet hatte und vor Stalins Gefängnissen in die USA geflohen war. Unter Levitas' ›Boys‹, wie er sie gerne nannte, war Melvin Lasky, ein Ex-Trotzkist aus dem New York City College, der dem Stab 1941 beitrat, Daniel Bell, ein ehemaliger Herausgeber des ›New Leader‹, der jetzt Professor an der Columbia-Universität ist [...] Die Bedeutung dieser so dramatisch wiedergeborenen Publikation für britische und europäische Arbeiterparteien, lag darin, dass sie nun offen damit begann, die Infiltration von ausländischen sozialistischen Parteien zu befürworten. [...]

Die amerikanische Strategie des Kalten Krieges bewegte sich jetzt dahin, weltweite Fassaden-Organisationen zu finanzieren wie Burnham[145] *und der ›New Leader‹ es vorgeschlagen hatten, und im Juni 1950 waren die Top-Intellektuellen der Freien Welt auftragsgemäß im Titania-Palast-Theater in der US-Zone in Berlin vor einem Publikum von 4000 Menschen versammelt, um den Kongress für kulturelle Freiheit zu starten, eine Gründung, deren Zweck es war, ›Freiheit und Demokratie gegen die neue Tyrannei zu verteidigen, die die Welt überzog‹. Es war kein Zufall, dass der Hauptorganisator und Vorsitzende des Kongresses Melvin Lasky war, der 1948 vom ›New Leader‹ an den amerikanischen Hohen Kommissar in Berlin ›ausgeliehen‹ worden war, dort hatte er die erfolgreiche literarische Zeitschrift ›Der Monat‹ mit Unterstützung von General Lucius D. Clay, dem Chef der Militärregierung, aufgezogen. Auch war der Mann, der für das ständige Sekretariat des Kongresses ausgewählt wurde und die Finanzierung der großen Organisation arrangierte, Michael Josselson, keineswegs ein Mitglied der Militärregierung.«*

Fletchers Recherche veranschaulicht das Ausmaß dieser US-Operation nach dem Zweiten Weltkrieg, macht aber auch deutlich, dass sie im Grunde nur mithilfe eines bereits bestehenden »Netzwerks« umgesetzt werden konnte.

Die EU – eine CIA-Erfindung?

Bei Richard Fletcher lesen wir auch Interessantes über von New York ausgehende Bestrebungen zugunsten eines einheitlichen Europas, welche die Frage aufwerfen, ob die EU ursprünglich eine CIA-Erfindung gewesen sein könnte. Nach Fletcher waren die sogenannten Bilderberger-Treffen und die US-amerikanisch inspirierte Europäische Bewegung zwei Seiten derselben Medaille:

Es gab *»eine in New York stationierte Gruppe namens ›American Committee on United Europe‹, deren Führerschaft offen in der New York Times annonciert war; sie schloss General Donovan, während des Kriegs Chef des OSS [Vorläufer der CIA], US-Außenminister Lucius D. Clay und Allen Dulles von der CIA ein. Diese stark gepowerte und üppig finanzierte Druck-Gruppe, deren These auf einen Punkt gebracht darin bestand, dass ein vereinigtes Europa die Interessen Amerikas gegen Russland verteidigen würde, finanzierte in Europa die sogenannte ›Europäische Bewegung‹; deren Inspiration rührte von [...] Joseph Retinger, einem ältlichen polnischen James Bond, der eine Karriere als professionelle graue Eminenz hinter sich hatte und sich am niederländischen Königshof mit dem Wohlwollen von Prinz Bernhard ausruhte. Auch hatte Retinger Shepard Stone bei der Hohen US-Kommission in Deutschland unter der Hand davon überzeugt, seine Europäische Bewegung aus sogenannten ›Counter-Part-Fonds‹ (Rückzahlungen der Marshall-Fonds-Hilfen) zu finanzieren, welche die Amerikaner in Europa anlegten. Später förderte er ausgewählte Treffen von europäischen und amerikanischen Politikern, Geschäftsleuten, Aristokraten, obersten Staatsbeamten und Militärführern, um das Ideal der atlantischen und europäischen Einheit zu propagieren. Einladungen zu diesen Bilderberger-Treffen, benannt nach einem holländischen Hotel, wo das erste Treffen 1954 abgehalten worden war, wurden persönlich von Prinz Bernhard auf Retingers Empfehlung hin ausgesprochen. Nur wenige, die die Einladungs-*

karte mit dem königlich-niederländischen Wappen empfingen, schlugen es aus, drei oder vier Tage bei zivilisierter Debatte mit den Weltführern in luxuriöser Umgebung zu verbringen.«

Die US-Nachkriegsagenda hatte ein wahrhaft beeindruckendes Ausmaß angenommen; dabei werden die Methoden, wie es scheint, fortlaufend verfeinert. Fletcher noch einmal zum Thema CIA-Taktik. Er zitiert den Agency-Mitarbeiter Richard Bissell:

»Viele der ›Penetrationen‹ nehmen nicht die Form von Anwerbungen an, sondern bauen eine freundliche Beziehung auf, die u. U. von Zeit zu Zeit mit der Weiterleitung von Geld befördert wird, oder auch nicht. In einigen Ländern hat der CIA-Repräsentant als enger Berater [...] des Staatschefs fungiert.«

Ein Fall von Spionage

Nachdem der »Kongress für kulturelle Freiheit« 1967, wie erwähnt, umbenannt werden und sein Finanzminister Josselson zurücktreten musste, war *»die Ford-Stiftung bereit, die Rechnungen zu bezahlen. Und der Direktor der neuen Organisation ist Shepard Stone, der Bilderberg-Organisierer, der in den frühen 1950ern US-Regierungsgelder an Joseph Retinger weitergeleitet hatte, um die Europäische Bewegung aufzubauen und dann internationaler Direktor der Ford-Stiftung wurde«*. Soweit Fletcher. In der Tat ist Stone viermal auf Zusammenkünften der Bilderberger gelistet: 1964 beim Treffen in Williamsburg, USA, 1973 in Saltsjöbaden, Schweden, 1980 in Aachen und 1985 in Rye Brook, USA.[146] Jedoch erscheint er anfangs eher als Financier denn als Organisator der Elitetreffen, wie Fletcher meint.

In transatlantischen Kreisen wird Stone mit anhaltender Inbrunst verehrt und als *»ein Genie der Freundschaft, des Dialogs und der Beziehungen«*[147] bezeichnet. Stone, ein enger Freund des ehemaligen Berliner Bürgermeisters Ernst Reuter, schüttet 1988 bei seiner Amtsübergabe an David Anderson ein finanzielles Füllhorn über dem Institut aus: Die »Shepard Stone Stiftung« wird mit zweieinhalb Millionen Mark ausgestattet; so kann das Institut erst einmal unbeschwert in die Zukunft sehen. Stone verbleibt bis zu seinem Tod im Vorstand von Aspen. Sein Andenken wird auch an der Freien Universität Berlin mit einer Shepard-Stone-Gastprofessur gepflegt, wo wechselnde Professoren den Transatlantizismus lehren und beforschen können.

Dieses »harmonische Stilleben« stört man nur äußerst ungern mit dem Verdacht, Stone sei Führungsoffizier eines oder gar mehrerer amerikanischer Geheimdienste gewesen. Sein »Arbeitsbüro«: das Berliner Aspen-Institut.

In der »Washington Post« vom 23.9.1994 lesen wir folgenden Artikel: »*Ein amerikanischer Soziologe, der letztes Frühjahr von den deutschen Behörden wegen des Verdachts der Spionage für das ehemalige kommunistische Regime in Ostdeutschland verhaftet wurde, behauptete am Donnerstag, dass er ein Doppelagent gewesen sei und für US-Geheimdienste gearbeitet habe. Jeffrey Schevitz, 53, sagte, er habe sowohl in West- als auch in Ostdeutschland spioniert, und zwar seit Mitte der 1970er bis 1990, während er als Forscher an der Freien Universität Berlin gearbeitet habe und anschließend in Deutschlands Atomforschungszentrum in Karlsruhe.*

Er wurde am 3. Mai von der deutschen Bundespolizei verhaftet, nachdem Akten, die im ehemaligen ostdeutschen Ministerium für Staatssicherheit (besser bekannt als Stasi) gefunden worden waren, darauf hinweisen, dass Schevitz heimlich ›eine Vielzahl an Informationen und Dokumenten‹ an Ostdeutschland weitergeleitet hatte, so das Büro der deutschen Staatsanwaltschaft. Schevitz, dessen formale Anklage wegen eines Verbrechens noch aussteht, blieb im deutschen Gefängnis bis Anfang des Monats und kam dann frei, nachdem er 65.000 Dollar Kaution hinterlegt und seinen US-Pass abgegeben hatte.

In einem Interview und erneut bei einer Pressekonferenz am Donnerstag behauptete Schevitz, dass er unter Führung von Shepard Stone, damals Direktor des Forschungszentrums des Aspen-Instituts in Berlin, heimlich für den US-Geheimdienst gearbeitet habe. Schevitz sagte, seine Mission sei gewesen, Informationen über ostdeutsche Spionageoperationen zu sammeln, indem er vorgab, für die Stasi zu arbeiten, während er gleichzeitig Westdeutschland ausspioniert habe, da es Befürchtungen gab, Bonn unterlaufe die Bemühungen des atomaren Nichtverbreitungsvertrags der USA und versuche noch immer, seinen Finger auf den atomaren roten Knopf zu bekommen.‹

Stone verstarb 1990, und Schevitz gab zu, dass er ohne die Aussage seines angeblichen Führungsoffiziers wenig Beweise anbieten könne, dass er verdeckt für die US-Regierung gearbeitet habe. David Anderson, der Nachfolger Shepard Stones als Direktor des Aspen-Instituts, sagte, es sei ›unvorstellbar, dass Stone in Spionageaktivitäten verwickelt gewesen sei‹. In Berlin kommentierte die stellvertretende Direktorin Dana Allin, es sei ›völlig absurd‹ zu behaupten, dass das Institut, eine Denkfabrik, die sich um die Verbesserung der deutsch-amerikanischen Beziehungen bemühe, eine Spionagefassade war.

Schevitz' Behauptungen sind besonders heikel wegen der Andeutung, dass die US-Regierung eine Spionageoperation unterhalten habe, die nicht nur gegen das kommunistische Ostdeutschland gerichtet war, sondern auch gegen einen engen Alliierten in Bonn.

Sprecher der US-Botschaft in Bonn, der CIA, der deutschen Regierung und der deutschen Bundespolizei lehnten jeden Kommentar ab. Rolf Hannich, Sprecher der bundesdeutschen Staatsanwaltschaft, sagte lediglich, dass Schevitz noch nicht formal angeklagt sei, da ›die Untersuchungen noch nicht abgeschlossen wären‹.

Der Fall Schevitz ist ein Rückfall in die Ära des Kalten Kriegs, als Deutschland voll von Agenten und Doppelagenten war, die auf beiden Seiten des Eisernen Vorhangs nach Geheimnissen suchten. Schevitz' Geschichte, obwohl unbestätigt, hat viele Elemente eines Spionage-Thrillers.«[148]

Interessante Ergänzungen zur mutmaßlichen Rolle Stones in Berlin finden sich in einem Artikel der Los Angeles Times vom 23.9.1994: *»Jeffrey Schevitz, ein ehemaliger radikaler Student aus Berkeley und Angestellter des Atomforschungszentrums in Karlsruhe seit 1980, sagte Journalisten, dass er mehr als zehn Jahre lang Informationen sowohl über die west- als auch die ostdeutsche Regierung über den ehemaligen Direktor des Berliner Aspen-Instituts, einer amerikanischen Denkfabrik, an die USA weitergeleitet habe.*

Schevitz, 53, habe auf Veranlassung seines behaupteten Führungsoffiziers Shepard Stone, Berlins Aspen-Institut-Direktor, begonnen, für das ostdeutsche Ministerium für Staatssicherheit, die Stasi, zu arbeiten, nachdem er 1976 nach Berlin gezogen war. Laut Schevitz suchte Stone ebenfalls nach Geheimdienstinformationen über die westdeutsche Regierung in Bezug auf Angelegenheiten wie den Wunsch, Atomwaffen zu bekommen, über die ›Ostpolitik‹ (die Westpolitik der Öffnung gegenüber dem Osten) und über Stasi-Infiltration in Bonn. [...] Stone habe ihm erzählt, sie verfolgten ›eine zweigleisige Strategie‹, im Interesse der europäischen Stabilität Informationen in West- und Ostdeutschland zu sammeln.

›Deshalb ist es für die US-Behörden schwierig zuzugeben, dass ich für sie gearbeitet habe. Wir hatten einige Ziele bezüglich Westdeutschlands‹, sagte er. Stone arbeitete nicht direkt für die CIA, meinte Schevitz, aber ›er arbeitete und sandte Informationen dorthin, wo sie nützlicherweise hingeschickt werden mussten‹. Er glaube, dass Stone die Informationen, die er sammelte an das Außenministerium weiterleitete und dabei verschiedene Geheimdienste benutze. Schevitz betonte, er habe nie Kontakt mit anderen Führungsoffizieren gehabt; er werde Zugang zu den ›Stone-Akten‹ bei der CIA suchen, um sie zu seiner Verteidigung zu verwenden. In Ostdeutschland musste er Informationen über die Struktur des Geheimdienstes sammeln, um ein Profil der Sorte von Rekruten zu erstellen, die Ostdeutschland suche und über die Art der Informationen zu informieren, die die Ostdeutschen von den Westdeutschen haben wollten.«[149]

Diese beiden Artikel seien hier wiedergeben, um deutlich zu machen, welche Gemengelage es bei Aspen geben könnte. Natürlich kann man die Erklärungen Schevitz' nur dahingestellt sein lassen. In den deutschen Medien fand die Affäre Schevitz/Stone kaum Widerhall: Eine afp-Meldung vom 10.11.1995 war der einzige Hinweis, der mühevoll ausgegraben werden musste: *»US-Wissenschaftler wegen Spionage verurteilt. Der US-amerikanische Sozialwissenschaftler Jeffrey*

Schevitz ist am Freitag vom Oberlandesgericht Stuttgart wegen Spionage für die DDR zu einer 18-monatigen Bewährungsstrafe verurteilt worden. Das Gericht gelangte zu dem Schluß, daß der ehemalige Mitarbeiter des Kernforschungszentrums Karlsruhe (KFK) zwischen 1977 und 1990 Agent des DDR-Ministeriums für Staatssicherheit (MfS) war und unter anderem Erkenntnisse über den ›Schnellen Brüter‹ und Technikfolgenanalysen verriet. Angaben von Schevitz, er sei Doppelagent des US-Geheimdienstes CIA gewesen, glaubte das Gericht nicht.«[150]

Das milde Urteil überrascht, schließlich war der mutmaßliche Doppelagent US-Staatsbürger und kein DDR-Bürger, für den eine Spionage für die Stasi noch einer sozialistischen Logik hätten entspringen können. Dreizehn Jahre lang konnte er ungestört seiner Tätigkeit nachgehen und sensibelste Informationen weiterleiten. So mancher seiner Kollegen aus der Schlapphutfraktion verschwand dafür jahrelang hinter Gittern.

Besonders bizarr ist die Einschätzung des OLG Stuttgart, man habe ihm seine Doppelagententätigkeit für die CIA nicht »geglaubt«. Diesbezüglich könnte der Verdacht aufkommen, alles sei unter der großen transatlantischen Bettdecke gehalten worden. Klar sei gesagt, dass wir uns hier in spekulativen Bereichen bewegen. Dennoch: Schevitz' Aussagen über das Wirken des deutschen Aspen-Gründers Stone klingen ziemlich plausibel und passen ins Bild, dem ich versucht habe, Tiefenschärfe zu verleihen: dass Shepard Stone mutmaßlich viele Jahre seines Lebens damit verbrachte, für die CIA und andere Geheimdienste zu arbeiten bzw. für diese Fassaden zu errichten.

Denn wenn etwas verschämt berichtet wird, Stone sei während des Zweiten Weltkriegs einer Abteilung für »psychologische Kriegsführung« unterstellt gewesen, so heißt das nichts anderes, als dass er einer speziellen Filiale des Office of Strategic Services (OSS), der Vorläuferorganisation der CIA, diente. Danach ging er, wie beschrieben, zur Ford Foundation, deren enge CIA-Bindung ebenfalls ausführlich belegt ist. Berücksichtigt man die bis dahin angeführten Fakten und Indizien, ist es durchaus legitim, das Berliner Aspen-Institut auch einmal als mutmaßliche Geheimdienstfassade an der Spannungslinie zwischen den beiden Machtblöcken USA und UdSSR zu denken. Natürlich wäre dann ein Wermutstropfen für uns Deutsche, dass Stone möglicherweise nicht nur im Osten, sondern auch bei seinen westdeutschen »Freunden« und Bündnispartnern der westlichen Wertegemeinschaft spionieren ließ, obwohl er doch so viele Werte mit ihnen teilte!

Es sei an dieser Stelle erlaubt, im Hinblick auf den fortgeschrittenen Stand des transatlantischen Dialogs zu schlussfolgern, dass solches heute nicht mehr nötig wäre. Für den Austausch von Informationen existieren nunmehr angenehme Lokalitäten und offizielle Foren wie etwa »Kamingespräche« auf Einladung des Aspen-Instituts. Diese werden unter den Young Leaders bekanntlich gerne frequentiert. Wir Deutschen und Amerikaner haben 2011 keine Geheimnisse mehr voreinander. Spionage wäre somit ein grotesker Anachronismus und nicht hilfreich!

Ein weiteres Argument für die Spionagethese liefert ein Blick auf die Finanzierung verschiedener CIA-Tarnorganisationen. Michael Hochgeschwender, Professor an der Universität München für Nordamerikanische Kulturgeschichte, hat sich ausführlich in einer Studie mit dem CCF (Congress for Cultural Freedom) befasst. In seinem Buch »Freiheit in der Offensive? Der Kongress für Kulturelle Freiheit und die Deutschen« schreibt er:

»Spätestens seit Anfang 1952 richtete die CIA eine ganze Reihe privater wohltätiger Stiftungen ein, die auf zwei unterschiedlichen Ebenen agierten. In einer ersten Stufe wurden Stiftungen eingerichtet, deren Kapital zu 100 % aus CIA-Mitteln stammte und die als reine ›Dummy Foundations‹ fungierten. Sie tauchten weder in den offiziellen Verzeichnissen

der amerikanischen Stiftungen auf, noch wurden sie von der Bundessteuerbehörde (IRS) geführt oder kontrolliert. Von diesen Tarnorganisationen flossen die Gelder dann in gemischt finanzierte Stiftungen bekannter Philanthropen, die ebenfalls ausschließlich zu dem Zweck etabliert worden waren, die CIA-Mittel weiterzuleiten. Hier wären für den CCF insbesondere die Hoblitzelle Foundation, die Kaplan Foundation und die Farfield Foundation zu nennen. [...] Über die CIA-gestützten Stiftungen hinaus waren auch Bona-Fide-Stiftungen[151] *daran beteiligt, den CCF finanziell zu unterstützen, allen voran die Ford Foundation, die allein zwischen 1957 und 1966 den CCF mit 2,9 Millionen US-Dollar bezuschusste. [...] Neben der Ford Foundation waren auch die Rockefeller Foundation, die Guggenheim Foundation und die Carnegie Foundation daran beteiligt, Gelder für den CCF bereitzustellen, die nicht aus CIA-Beständen stammten. Waren die CIA-Mittel, die man zwischen 1950 und 1966 auf ca. 800.000 US-Dollar pro Jahr veranschlagt hatte, eher dazu bestimmt, die laufenden Geschäfte des CCF aufrechtzuerhalten, dienten die Gelder der Bona-Fide-Stiftungen dazu, größere Einzelprojekte zu ermöglichen.«*[152]

Wenn Aspen Berlin tatsächlich ein Geheimdienstvorposten in den Zeiten des Kalten Krieges gewesen sein sollte, waren seine Direktoren mithin vielleicht sogar »Führungsoffiziere« des deutschen Aspen-»Personals«.

Man kann nicht umhin, diesen Netzwerken Respekt zu zollen: Dahinter steckt eine in der Geschichte vermutlich einmalige Organisationsleistung. Allerdings müssen wir bedenken, dass der Aufbau des neuen transatlantischen Elitenetzwerkes vor dem Hintergrund eines völlig kriegszerstörten und ruinierten Europas geschah. Diese Erklärung können wir heute nicht mehr heranziehen, wenn wir uns die Frage nach den Gründen für ihr Fortbestehen vorlegen.

Wer ist Jeffrey Gedmin?

Als Karl-Theodor zu Guttenberg 2002 gebeten wurde, Young Leader bei Aspen Deutschland zu werden, wurde das Institut durch Jeffrey Gedmin, der den Posten von 2001 bis 2007 inne hatte, geleitet. Der 1958 geborene Gedmin, den viele noch als »Angela-Merkel-Briefer« (»Bild-Zeitung«) in Erinnerung haben mögen, war anfänglich ein linker Student und Musensohn, der zuerst Musik mit Hauptfach Klavier und Deutsch studierte, und zwar interessanterweise sowohl in Ost- als auch in Westdeutschland: 1977 verbesserte Gedmin am Münchener Dolmetscherinstitut seine Deutschkenntnisse und ging anschließend nach Salzburg. 1984 und 85 studierte er in Jena und Erfurt. Mit der großen Politik kam er offenbar erstmals als Chorleiter im US-Außenministerium in Berührung.

Der Wandel hin zum unnachgiebigen Neokonservativen und »politischen Ein- und Zurechtweiser« muss in den 1990er-Jahren während seiner Arbeit für das »American Enterprise Institute«

Jeffrey Gedmin, Aspen-Berlin-Direktor von 2001 bis 2007

stattgefunden haben. Dort war sein Meister und Mentor Richard Perle, bekannt als »The Prince of Darkness« (der Fürst der Finsternis), der zwischen 1987 und 2004 für das Beratungskomitee des US-Verteidigungsausschusses (Defense Policy Board Advisory Committee) tätig war. Perle, ein »Denktanker« im Zentrum der Macht, unermüdlicher Kriegstreiber in Wort und Schrift, zudem PNAC-Mitorganisator (siehe Seite 123 f.), war »Schlüssel-Neocon« gemeinsam mit Douglas Feith, Paul Wolfowitz, Lewis Libby und anderen. Spätestens seit 1998 rief er offen zu einem Krieg gegen den Irak (»Regime Change«) auf und scheute sich auch nicht, direkt nach dem 11. September Osama Bin Laden mit Saddam Hussein in Verbindung zu bringen. Gleichwohl leugnet Perle im Nachhinein jeden Einfluss seiner selbst oder neokonservativer Mitstreiter auf die Außenpolitik der Bush-Regierung. Auf »Foreign Policy« kommentiert Stephen M. Walt[153] dies im Beitrag »Richard Perle is a Liar« folgendermaßen:

Aspen-Gedmins Mentor: Richard Perle, »Fürst der Finsternis«, von 1987–2004 US-Sicherheitsberater (Foto: Cover des gleichnamigen Buchtitels von Alan Weisman)

»Die Neokonservativen [...] vertraten ihre Sache laut und in aller Öffentlichkeit, und kein seriöser Wissenschaftler behauptet, dass sie Bush und Cheney in einen Krieg ›hereingeschummelt‹ haben. Dagegen haben zahlreiche Dokumente belegt, dass sie seit 1998 offen auf Krieg drängten und damit auch nach 9/11 weitermachten. Wie der neokonservative Experte Robert Kagan später zugab, waren er und seine neokonservativen Kollegen zum Teil deswegen erfolgreich, weil sie schon eine ›fix und fertige Erklärung für die Welt hatten‹,

die eine Antwort für die Herausforderungen zu geben schien, der sich die USA nach 9/11 gegenüber sahen.

Im Prinzip ist es ganz einfach: Richard Perle lügt. Was an diesem Fall verstörend ist, ist nicht die Tatsache, dass ein ehemaliger Regierungsbeamter versucht, die Sachverhalte auf derart dreiste Art zu fälschen: [...] Der eigentliche Anlass zur Besorgnis liegt darin, dass es kaum irgendwelche Konsequenzen wegen des heiklen Parts gibt, den Perle und die Neokonservativen wegen ihrer Hauptrolle beim Verursachen eines der größten außenpolitischen Desaster in der amerikanischen Geschichte spielten. Wenn jemand dabei helfen kann, einen idiotischen Krieg zu organisieren und dabei ein respektierter Washington-Insider bleibt – wie es bei Perle der Fall ist –, welche Probleme sollten sie bekommen, wenn sie später darüber lügen?

Wir sollten uns an ein paar Fakten erinnern. Perle und seine neokonservativen Kumpanen halfen dabei, eine Politik zu entwickeln und zu verkaufen, die über 4000 US-Soldaten das Leben gekostet hat, 30.000 Verwundete zur Folge hatte und direkt für den Tod von Zehntausenden von Irakern verantwortlich war und schließlich den Vereinigten Staaten mehr als eine Billion Dollar kosten wird. Doch anstatt den Mut und die Integrität zu besitzen, seine Rolle einzugestehen und seine Fehler zuzugeben, [...] bietet uns Perle jetzt eine Wolke von Druckerschwärze aus Lügen und Verdrehungen an.«

Die »Welt« schreibt in einem Artikel vom 12.8.2002, »Richard N. Perle. Amerikas Fürst der Finsternis«, aus welcher Denkschule Perle stammt: *»Sein Weltbild ist das der realistischen Schule, geprägt von Raymond Aron, Morgenthau und Kissinger.«*[154] Aus der realistischen Schule Morgenthaus?

Hans Joachim Morgenthau (1904–1980, aus einer Coburger deutsch-jüdischen Familie, Verwandschaft zu Henry Morgenthau nicht belegt) emigrierte 1937 in die USA. Jurist und Philosoph, gilt er als Begründer der „klassischen realistischen Schule“ bzw. des politischen Realismus, welcher ein Erklärungsmodell für die Beziehungen von Staaten untereinander liefert. (Zur politischen Schule des „klassischen Realismus“ wird übrigens auch der bereits erwähnt George F. Kennan gezählt.) Morgenthau war von dem italienischen Philosophen und Politiker Niccolò Machiavelli (1469–1527, „Der Fürst“), Friedrich Nietzsche (1844–1900) und Max Weber (1864–1920, u. a. Begründer der deutschen Soziologie) inspiriert. Sein Denken kreiste um den Machtbegriff, Weltgeschichte ist somit die Geschichte von ständig wechselnden Macht- und Interessenskonflikten.

Hans J. Morgenthau sah vor allem geostrategische Interessen als Triebfeder von Machtansprüchen. Er ist insgesamt eine sehr schillernde Figur: Einerseits setzte er sich für die weltweite Verbreitung der Demokratie ein, andererseits riet er zur Aufrüstung gegen die Sowjetunion, kritisierte aber den Vietnamkrieg bzw. die amerikanische Asienpolitik entschieden. So ist es auch nicht ganz nachvollziehbar, warum er mit dem amoralischen Machtzyniker Kissinger in einem Atemzug genannt wird. Vielleicht weil Morgenthau Kissingers politisches Denken lobte? Doch tadelte er ihn wiederum für sein Konzept des begrenzten Nuklearkriegs. Mit den beiden Säulen „Macht“ und „nationales Interesse“ in seiner politischen Theorie lieferte Morgenthau jedenfalls Argumente für US-Machtbestrebungen und Machiavellismus[155] im politischen Handeln.

Morgenthau-Aron-Kissinger-Perle-Gedmin-Guttenberg: der etwas andere Stammbaum! Nachdem wir Gedmins Pedigree geklärt haben, tut es gut, sich einige seiner publizistischen Duftmarken in Erinnerung zu rufen, die der Aspen-Direktor seit seinem Wirken ab September 2001 in Deutschland absetzte.

Am 14.3.2003 erschien in der Wochenzeitung »Der Freitag«[156] ein Artikel über Aspen-Direktor Jeffrey Gedmin (»Von eisiger Höflichkeit«, Autor: Sead Husic). Darin heißt es: »*Alle wollen dieser Tage mit ihm reden, mit dem 43 Jahre alten Amerikaner, der in Deutschland bekannter ist als der US-Botschafter, weil er nichts auslässt, um seine Meinung kund zu tun. Keine Zeitschrift ist vor ihm und seiner Meinung sicher, kein Fernsehsender, keine Radiostation. Jeffrey Gedmin ist da, um den Deutschen die US-Politik zu erklären, also den Lauf der Welt.*«[157]

Beim Erscheinen des Artikels waren es nur noch wenige Tage bis zur Invasion des Irak und den ersten Bomben auf Bagdad unter Führung der US-Amerikaner, an ihrer Seite die Briten und eine »Koalition der Willigen«. Gedmin zählt zu den unermüdlichsten Kriegstreibern, zu einem Typus von Neocon, der seine Tage damit zubringt, ununterbrochen zu reden: auf Kongressen, bei Interviews, aller Arten von politischen Veranstaltungen, auch wenn er schreibt, redet er eigentlich. Wie alle Neocons hat er einen rüden, teilweise provozierenden Ton. Ein klassischer Schreibtischtäter im zweiten oder dritten Glied, jedoch gerade deswegen nicht wenig bedeutsam für den Gang der Dinge.

»Der Freitag« weiter: »*Die Berliner Dependance gehört zum weltumspannenden Aspen-Netzwerk mit Sitz in Washington D. C. Wer für dieses Gremium forscht, hat zugleich US-Politik zu verkaufen. Öffentlich wird das natürlich nicht zugegeben. [...] Gedmin betont oft und gern, er habe viele ›Freunde im Weißen Haus‹, mit denen er ›regelmäßig‹ telefoniere. Richard Perle, einer der engsten Berater von Bush, sei einer davon. ›Ich gebe zu, auch ein Hardliner zu sein‹, sagt Gedmin mit dem unverkennbaren amerikanischen Akzent.*« Gegenüber der »TAZ«-Redaktion in Berlin äußert er: »*›Wir wollen Stabilität in der Region, und der Irak ist eine Bedrohung – auch ohne Verbindungen zu al Qaida.‹ [...] Über die Ölinteressen Amerikas in der Region will er nicht reden, denn ›das ist nicht der Grund für den Krieg‹. Und als einer nach dessen Wahrscheinlichkeit fragt, sagt er: ›Der kommt 99-prozentig.‹*«

Was den Bush-Trommler Gedmin vor allem umtrieb, waren Emanzipationsbestrebungen der Deutschen oder Absetzbewegungen der Europäer gegenüber den USA. »Der Freitag« zitiert Gedmin aus einem Interview mit der Zeitschrift »Das Parlament«, wie er die »widerspenstige« Haltung der Deutschen und ihre fehlende Kriegsbegeisterung einordnet: *»Auf einer tiefen psychologischen Ebene sehen wir hier eine Pathologie der Verhältnisse zwischen Eltern (USA) und Kind (Deutschland). Das europäische Heranwachsende will ausziehen.«* »Der Freitag« weiter: *»Die Vereinigten Staaten müssten ihren Führungsanspruch ausbauen und die anderen müssten folgen – besonders im Kampf gegen den Terrorismus. Das versuchten die Amerikaner den Europäern seit 13 Jahren zu erklären, aber – so fürchtet Gedmin – ›das Einzige, was unseren europäischen Freunden die Bedrohung klar machen würde, ist ein Terrorangriff in Europa‹. Gedmin sagt gern solche Sätze, die hart und eisig klingen.«*[158]

Gedmins Voraussage sollte, wie wir wissen, bald in Erfüllung gehen: in Madrid am 11.3.2004 (191 Tote, 2051 Verletzte) und in London am 7.7.2205 (56 Tote, 700 Verletzte). Der Aspen-Direktor benutzt(e) vorwiegend zwei Zeitungen, um seine als politische Analyse bemäntelte Neocon-Propaganda unters Volk zu bringen: das deutsche »Zentralorgan« des Neokonservatismus, die »Welt«, und den »Weekly Standard«. Kaum war Projekt 1 (der Irak) abgehakt, machte sich Gedmin sogleich zielstrebig an Nummer 2 (Iran). Den Deutschen verzieh er ihre Nichtbeteiligung an der »Koalition der Willigen« nicht, auch wenn die Schröder-Fischer-Regierung den Amerikanern Zugeständnisse machte, die einer Kriegsunterstützung nahe kamen.

Gedmin versuchte von Berlin aus alles, um die Deutschen zu provozieren: beschimpfte sie als zimperliche Weicheier und unterstellte ihnen Antiamerikanismus und/oder Antisemitismus, so als wäre in Deutschland niemand in der Lage, das Unbehagen mit der US-amerikanischen Politik genau zu benennen und an Regierungspersonen und -entscheidungen festzumachen.

Gedmins Artikel kommen in der Regel als arglose Beobachtungen des deutschen Biotops daher, so als sei er ein intimer Kenner Deutschlands mit der Hand am Puls. Möglicherweise ist er das sogar – seine Meinungsstücke erinnern jedoch in der Art, wie sie zusammengebastelt sind, eher an Methoden aus »PsyOps«[159], also Methoden der psychologischen Kriegführung. Dabei geht es bekanntlich um die Beeinflussung der Emotionen (Köpfe und Herzen), der Glaubens- und Wertesysteme, der Argumentation und vor allem des Verhaltens von Zielgruppen (Regierungen, Gesellschaften, einzelne Gruppen) bis hin zu Individuen. Das amerikanische Außenministerium definiert psychologische Kriegführung als die *»geplante Anwendung von Propaganda oder anderen psychologischen Aktionen, die zuerst den Zweck der Beeinflussung von Meinungen, Haltungen und Verhalten von feindlichen, ausländischen Gruppen dahingehend verfolgen, dass das Erreichen nationaler Ziele unterstützt wird.«*[160]

Daher ist es sehr unwahrscheinlich, dass Gedmin so grobschlächtig ist, wie er in seinen Artikeln daherkommt, sondern dass dies einfach eine berufsbedingte Maskerade bzw. Propaganda-Technik ist. Interessant ist hier, dass Deutschland scheint's immer wieder in die Kategorie eines potenziell feindlichen Staates hineinrutscht, der mutmaßlich ausspioniert werden (Shepard Stone) und bei dem man Psycho-Propaganda (Jeffrey Gedmin) betreiben muss. Während die amerikanische Regierung auch und gerade im Vorfeld des Irakkriegs permanent Druck auf Deutschland ausübte, »seinen Bündnisverpflichtungen nachzukommen« und dem Bündnis gegen den »Terror« beizutreten, war Gedmins Rolle, quasi »von unten« zu sticheln, zu agitieren, zu provozieren und damit den deutschen Grundgesetzauftrag, Krieg nur nach einem Angriff als Verteidigung zuzulassen, immer weiter zu erodieren.[161] Dabei benutzte Gedmin eine geschickte Mischung aus drastischen Feststellungen, die in Deutschland eher als politisch unkorrekt gelten, jedoch manchmal ein wenig Wahrheitsgehalt haben, und versuchte so, die Durchschlagskraft seiner Argumentation insgesamt zu erhöhen. Dann wiederum nahm er die Rolle eines biederen, vermeintlich arglos-objektiven, quasi in Deutschland zufällig herumreisenden amerikanischen

Touristen ein, dessen spontane Beobachtungen irgendwie authentisch wirken, um anschließend gezielte Provokationen gegen die Deutschen als Faulpelze und Drückeberger etc. einzusetzen, typisches Beispiel: eine »Reportage« aus Berlin im Neocon-Blatt »Weekly Standard«[162] vom 12.8.2002 mit dem Titel »Ich bin ein Slacker[163]« über den »Untergang der deutschen Arbeitsethik.« Darin zieht der frühere Apsen-Direktor die deutsche Arbeitsmoral durch den Kakao, ehemals Weltklasse, jetzt nur noch Urlaubsgeld, endlose Feiertage, Pinkelpause, 38-Stunden-Woche, Antiamerikanismus unter der »euro-gaullistischen« Elite (Achse Schröder-Chirac; ein Europa der Vaterländer).[164] Dann wieder erteilte Gedmin neoliberale Ratschläge, wie die Deutschen nach Jahrzehnten von Sozialstaat und Mittelstandsgesellschaft ihre Arbeitsscheu überwinden und ihre 4,5 Millionen Arbeitslosen beschäftigen sollten: mit Schuhputzen! Gedmin in seiner »Welt«-Kolumne »Marktwirtschaft für Anfänger« unter dem Titel »Elegante und belesene Schuhputzer« vom 2.1.2005: *»Ich lasse mir gern die Schuhe polieren. Ich bekomme etwas, der Schuhputzer verdient etwas, wir sind beide zufrieden mit Transaktion und Interaktion. Für mich ist das Kapitalismus pur.«*[165] Oder er betätigte sich als Terrorspezialist (am 27.06.2008, erneut in der »Welt«): *»Was treibt Terroristen an? Sie leben mitten unter uns. Gehen mit uns in die Schule. Studieren an denselben Universitäten und teilen unseren Alltag. Doch unsere zivilisatorischen Werte sind ihnen fremd. Der Terrorist, das fremde Wesen.«*[166]

Gedmin nutzt schlicht und ergreifend aus, das 99,9 % der Bevölkerung keinerlei Möglichkeiten hat, hinter die Kulisse von sogenanntem Terrorismus zu blicken. Damit steht er natürlich nicht allein. Die »Qualitätsmedien« gaben bzw. geben bekanntlich kaum Hilfestellung dabei, das Gewirr aus Geheimdienstaktivitäten, gecoachtem und nah- oder ferngesteuertem, angeblichem »Home-Grown«-Terrorismus und wirklichen Freiheits- bzw. authentischen Widerstandsbewegungen für ihr Publikum zu entwirren. Damit ist der Boden bereitet für Schwafler und professionelle Märchenerzähler.

Manchmal allerdings glaubt man, Gedmin habe ein Problem. In einer »Welt«-Kolumne vom 16.10.2004, »Bye, bye Neocons?«, charakterisiert er die Rolle der Neokonservativen beim Überfall auf den Irak so: *»Die Neokonservativen, eine Gruppe von Intellektuellen und Strategen in den USA, glauben an die Verbreitung der demokratischen Idee. Sie glauben an die ›friedensstiftende Rolle der Demokratie‹.«*[167]

Die Invasion eines Staates, der zu keiner Zeit die USA bedroht hatte, erfolgte also allein aus glühender Leidenschaft für die Verbreitung der Demokratie? Gedmin benennt Realismus versus Idealismus als Hauptprobleme der US-Außenpolitik – Krieg, Uranmunition, Foltergefängnisse und rechtsfreie Räumen, wo Beschuldigte jahrelang nicht einmal einen Anwalt sehen dürfen, sind kein Thema für ihn. Gedmin weiter: *»Wir intervenieren in Orten wie Bosnien, dem Kosovo, Somalia oder Haiti in erster Linie aus humanitären Gründen. Außenpolitik ist keine Sozialarbeit. Aber gänzlich auf Werte verzichten, wie es die Realisten fordern? [...] Niemand will Interventionen nach Gutdünken. Exzessiver Idealismus ist gefährlich, fehlgeleiteter Idealismus ist auch nicht gerade eine Tugend. Die Neocons haben ein Problem im Irak. Aber es gibt zunehmend Übereinstimmung darüber, was die Ursachen des Terrorismus heute sind. Amerikaner halten den Mangel an Demokratie im weiteren Mittleren Osten für einen Inkubationsherd des Terrorvirus. Eine Fixierung auf Stabilität und die Politik des Eigeninteresses haben mit zum 11. September beigetragen. Also glauben Sie wirklich, Neokonservatismus ist tot, und der Realismus kommt wieder?«*

Wenn wir all dies lesen, dürfen wir nicht vergessen, dass Gedmin offensichtlich US-Politik zu verkaufen hatte, und die kam nach dem Irakkrieg ganz schlecht an. Er musste zerreden und unermüdlich klare Sachverhalte in Orwell'scher Manier in neue, erfundene Zusammenhänge stellen, um Ablenkung und Pseudo-Normalität herbeizuplaudern. Sein zuletzt zitierter Artikel datierte vom Oktober 2004. Im Mai 2004 aber waren bereits die ersten Fotos aus Abu Ghuraib, dem US-Foltergefängnis nahe Bagdad, aufgetaucht, in dem systematisch Menschen gefoltert (mindestens 100 Menschen bis zum Tode), zum Sex gezwungen und anderweitig gedemütigt wurden.[168]

»Nein, sagt Jeffrey Gedmin, er glaube nicht, daß Amerika und Deutschland nach dem beispiellosen Streit des vergangenen Jahres schon wieder im partnerschaftlichen Alltag angekommen seien. An der Asymmetrie der Machtverhältnisse, an den Unterschieden bei der Gefahreneinschätzung und der Bereitschaft, militärische Mittel einzusetzen, hat sich ja nichts geändert. Und das Mißtrauen der Deutschen, die von Haß mitunter kaum zu unterscheidende Abneigung gegen die Regierung Bush sind nach den Bildern aus Abu Ghraib vollends explodiert.«[169] Der letzte Satz ist buchstäblich der einzige Kommentar Gedmins, den ich über die unvorstellbaren Rechtsbrüche von Abu Ghraib googlen konnte.

Überflüssig zu erwähnen, dass Gedmin ein vehementer Verfechter der Version der »19 arabischen Räuber« ist, die auf Befehl Osama bin Ladens im entfernten Afghanistan u. a. drei Gebäude in New York zum Einsturz brachten. Diese stereotype »Exegese« von 9/11 ist die stets präsente und unabdingbare Basis seiner Argumentation. So ist in der »FAZ« vom 29.6.2004 zu lesen: *»Gedmin spottet über die Michael-Moore-Liebe der Deutschen, dessen Bücher und Filme hier wie Offenbarungen rezipiert werden. Und er kann es kaum fassen, wie viele Menschen der Verschwörungstheorie anhängen, nicht Usama Bin Ladin habe die Attentate vom 11. September 2001 eingefädelt, sondern die CIA.«*[170]

Gedmin sorgte mit seinen Kommentaren über angebliche »Eruptionen von Antiamerikanismus« in Deutschland nach der Iraki-Invasion auch dafür, dass entscheidende Fakten nicht benannt wurden, so als hätte es für dieses außenpolitische Projekt nicht eine jahrelange Vorbereitung des Krieges, vor allem auch unter der Führung von PNAC gegeben, dessen Mitunterzeichner Gedmin war. So nahm er sich und andere Neocon-Schreibtischtäter aus der Schusslinie der Kritik – und deutsche Medien leisteten wohlwollend Beihilfe.

Der ehemalige Aspen-Direktor war sich aber auch nicht zu schade, ganz tief in die Trickkiste der Kriegspropaganda zu greifen: So geschehen während des Libanonkrieges im Juli 2007, als Israel wegen der palästinensischen Hisbollah und zwei von ihr gefangengenommenen israelischen Soldaten den gesamten Libanon bombardieren ließ (1191 tote libanesische Zivilisten). In dem »Welt«-Artikel »Frauen und Kinder als Schutzschilde der Gotteskrieger. Perfide Taktik der Hisbollah, und es bleibt Israel überlassen, die schmutzige Arbeit für die ›internationale Gemeinschaft‹ zu tun« vom 2.8.2006 finden sich drei Behauptungen über die Hisbollah, für die es nur eine Quelle im Web gibt, und die heißt Jeffrey Gedmin: Irgendwann in den 1980er-Jahren hätten israelische Ärzte in israelischen Krankenhäusern Patienten gefunden, denen die Hisbollah das Blut aus den Adern gelassen habe. Irgendwann hätte die Hisbollah 50 Palästinenser-Kindern jeweils den kleinen Finger abgeschnitten, weil diese mit »Ärzte ohne Grenzen« zusammengearbeitet hätten. Am nächsten Tag seien die Dorfbewohner zu dem israelischen General Eytam gegangen, um ihm die 50 Kinder zu zeigen. Und: »*Heute exportiert sie jährlich Drogen im Wert von einer Milliarde Dollar. Es wäre wahnwitzig zu glauben, die Hisbollah sei nur Israels Problem. Leider kämpft Israel diesen Kampf aber allein.*«[171]

Zu letzterer Behauptung über die Hisbollah weiß die israelische Tageszeitung »Haaretz« (vom 23.12.09) Näheres zu berichten: Haschisch werde in der libanesischen Bekaa-Ebene angebaut, aber: »*Vier Tonnen Heroin aus Afghanistan kommen jährlich über den Libanon nach Israel hinein, was von zwei libanesischen Familien kontrolliert wird, die wiederum von der Hisbollah kontrolliert werden.*«[172]

Soweit zu Gedmin als verlässlicher Quelle. Statt den Libanon zu bombardieren, wäre da eventuell eine Krisensitzung mit seinen Freunden in Washington in Sachen Afghanistan angesagt gewesen.

In Papieren für das »Jerusalem Center of Public Affairs«, die nicht für eine breite (deutsche) Öffentlichkeit bestimmt sind, schlägt Gedmin einen etwas anderen Tonfall an. In dem Artikel vom 25.8.2004, »Wie Europas Drang nach Unabhängigkeit von Amerika Israel verletzt«, heißt es: »*Deutschland ist immer ein wichtiger Partner und Alliierter der Vereinigten Staaten gewesen und es gibt eine Menge Verbindungen, die beide Nationen zusammenknüpfen. Aber die Amerikaner unterschätzen, wie hart es für viele Europäer mit den Deutschen im Zentrum war, die Art der Abhängigkeit zu akzeptieren, in der sie während des Kalten Krieges von den Amerikanern standen. Wir alle wissen, dass Abhängigkeit Ressentiments hervorruft. Während Frankreich Atomwaffen und in beträchtlichem Ausmaß eine unabhängige Außenpolitik hatte, hatte Deutschland keines von beiden. So sollte es wahrscheinlich keine Überraschung sein, dass viele Dinge, die unterdrückt oder zurückgehalten oder kontrolliert waren, in Deutschland an die Oberfläche gekommen sind. [...] Europa bleibt frustriert, denn während es diese Unabhängigkeit oder diesen Freiraum sucht, bleibt doch noch immer ein ziemlich großes Machtungleichgewicht. Deutschland ist im Herzen Europas, das jetzt diese Ambitionen nach mehr Unabhängigkeit hat, erwachsener und gleichberechtigter zu sein oder mehr mitzubestimmen. Deutschland ist ein mittelgroßes Land ohne permanenten Sitz im Sicherheitsrat, das sich sowohl Wirtschaftsproblemen gegenübersieht, die ernst und von struktureller Natur sind, als auch demographischen Problemen, welche ziemlich akut sind und die in den kommenden Jahrzehnten auf wirtschaftliche Entwicklungen Auswirkungen haben werden. Darüber hinaus hat Europa, das jetzt plötzlich Unabhängigkeit proklamiert und eine eigene Tea-Party anstrebt, Defizite auf einigen wichtigen Gebieten: Es fehlen Leistungsvermögen, Wirtschaftswachstum und Dynamik, Selbstvertrauen und es nimmt demographisch Schaden. Das bedeutet, dass Europa oft mehr reaktiv denn aktiv handelt.*«[173]

Während Gedmin also in Israel recht seriöse Analysen abliefert, bekommt das deutsche Publikum von ihm im Wesentlichen Propaganda vor die Füße geworfen und die Zipfelmütze über die Augen gezogen. Richtig ehrlich geht es dagegen in einem Interview vom 1.12.2004 mit dem genannten Jerusalem Center zu. Gedmin über die europäische Unterschätzung von »terroristischer Bedrohung«: *»Um dem entgegenzuwirken, bedarf es endloser, unermüdlicher Arbeit, um Netzwerke aufzubauen, zu argumentieren und Informationen zugänglich zu machen. Über solche Netzwerke können wir denjenigen Deutschen moralische und intellektuelle Solidarität zukommen lassen, die proamerikanisch und proisraelisch sind. Diejenigen, die Artikel schreiben, müssen dabei ermutigt werden, den Mund aufzumachen. Wenn die Bush-Regierung die richtige Politik macht, diese aber schlecht verkauft, müssen private Institutionen und Individuen ihr zu Hilfe eilen und diese erklären. Dasselbe gilt für Israel.«*[174] Das Statement könnte klarer nicht sein, Gedmins Aufgabe und die des Aspen-Instituts in seinen eigenen Worten.

Mit dem Überfall auf den Irak begann für Amerika eine schwere diplomatische Krise. Die Regierung erkannte die Notwendigkeit einer massiven Offensive der »Public Diplomacy«, wie sie nach dem Zweiten Weltkrieg mit verschiedenen Hilfsorganisationen wie der Ford Foundation und dem Kongress für Kulturelle Freiheit in Deutschland so erfolgreich gewesen war. Dieser Bedarf an »operativer Diplomatie« wird von Jeffrey Gedmin und Craig Kennedy (German Marshall Fund) in ihrem Artikel »Selling America, Short« (»Amerika wird schlecht verkauft«) in der Zeitschrift »The National Interest« analysiert: *»Die Vereinigten Staaten müssen ihre Sache effektiver in die europäische Öffentlichkeit hineintragen, um sowohl deren Verständnis der US-Politik zu verbessern als auch diejenigen europäischen politischen Führer und Intellektuellen zu unterstützen, die willens sind, den zunehmend unpopulären Standpunkt der Unterstützung Amerikas einzunehmen.«* Und: *»Wenn es Bedarf gibt, gute Nachrichten in Umlauf zu bringen, gibt es einen ebenso drängenden Bedarf, Verleumdungen der Vereinigten Staaten frühzeitig und umfassend niederzuschlagen. Viele Europäer werden von ihren eigenen Medien und bösartigen Politikern in die Irre geführt und glauben immer noch, dass Amerikaner Gefangene im Stützpunkt Guantanamo gefoltert haben.«*[175] Ein Kommentar zu dieser Einlassung erübrigt sich.

Seit der Gründung des Aspen-Instituts gibt es eine ständige Nähe zu Geheimdiensten. CIA-Direktoren während Gedmins Zeit waren George Tenet (bis 2004) und danach für zwei Jahre Porter J. Goss. Tenet ist mitverantwortlich für die Vorbereitung und Durchführung des Irakkriegs, für Geheimgefängnisse und für Folter. All das fiel in seine Amtsperiode. Tenet und Gedmin studierten bzw. promovierten an der 1789 gegründeten privaten Jesuitenuniversität Georgetown in Washington D. C., später wirkten beide dort als Dozenten. Jeffrey Gedmin saß und sitzt zudem mit sämtlichen CIA-Direktoren (J. James Woolsey, John M. Deutch, George J. Tenet, Porter J. Goss, Michael Hayden und dem jetzigen Leon Panetta) im Council on Foreign Relations.

Der Ex-Aspen-Direktor bewies seine Eigenschaften als außenpolitische Vielzweckwaffe auch aktiv mit seinem Einsatz für die baltischen Staaten, die 1990 ihre Unabhängigkeit erklärt hatten. Gedmin, dem Namen nach litauischer Herkunft, engagierte sich nach dem Zusammenbruch der Sowjetunion dafür, die baltischen Staaten in ihrem Unabhängigkeitsbestreben in die »richtigen« Bahnen zu lenken, d. h. sie in die US-amerikanische Einflusssphäre und die NATO zu überführen, die NATO-Grenze also weit nach Osten zu verschieben. Diesen Interessen diente ein eigens zu diesem Zweck gegründetes Komitee, das »Joint Baltic American National Commitee« (JBANC), wo sich auch Gedmin einbrachte. Wir sehen ihn auf einer Veranstaltung[176] im Jahr 2002 mit dem ehemaligen CIA-Chef Woolsey (Letzterer ist wie Gedmin Mitglied in der Strategie-Gruppe[177] des Aspen-Instituts) in Washington D. C. zusammen mit den baltischen Verteidigungsministern bei Vorbereitungsverhandlungen für die NATO-Erweiterung, die dann 2004 erfolgte.

Gedmin ging 2007, nach erfolgreicher Beendigung seiner Mission bei Aspen Berlin, als Direktor von »Radio Free Europe/Radio Liberty« (kurz: RFE/RL) nach Prag. Auf der Webseite[178] des »US-Freiheitssenders« prangen zwei Mottos:

»Our mission is as important as ever.«
(RFE/RL-Präsident Jeffrey Gedmin)

»RFE/RL is smart power.«
(Hillary Clinton)

Die Verbindung des Radiosenders mit der CIA von Anbeginn ist allgemein bekannt. Gedmin äußert sich in einem Artikel vom 27.9.2009 mit dem Titel »Boom Box U.S.A.: Surrogate Broadcasting as a Tool of U. S. Soft Power« dementsprechend offen: *»Jede Soft-Power-Strategie*[179] *sollte ein zentrales Interesse an Surrogat-Radiosendern haben – regierungsfinanziertes Radio, das genaue und verlässliche Nachrichten Ländern zur Verfügung stellt, in denen unabhängige Medien nicht existieren. Surrogat-Radio entstand während des Zweiten Weltkriegs, als die Vereinigte Staaten versuchten, mit Radiosendungen für Osteuropa und die Sowjetunion durch den Eisernen Vorhang zu dringen. Diese Sendungen, die zuerst heimlich von der CIA und dann offen durch den Kongress finanziert wurden, waren so gestaltet, dass die Menschen in kommunistischen Ländern innenpolitische Nachrichten bekamen und Informationen, die ihnen ihre eigenen Regierungen verweigerten.*

Heute macht Radio Free Europe/Radio Liberty (RFE/RL) Radiosendungen für 20 Länder, von Russland und dem Kaukasus bis nach Zentralasien und den Nahen Osten. RFE/RLs Sendebereich schließt Afghanistan, Iran und den Irak ein und bald auch Pakistan. Seine Schwesterfirma Radio Free Asia erreicht neun Länder einschließlich Burma, China und Nordkorea. Traditionelle Radioprogramme werden erweitert um Online-, Video- und Fernsehsendungen. Obwohl die Technik sich gewandelt hat, ist die Mission des Surrogat-Radios noch immer dieselbe. Es bleibt eines der effektivsten und kosteneffizientesten Programme, welche die Vereinigten Staaten unterstützen können, um Demokratie zu fördern und die nationalen US-Sicherheitsinteressen voranzubringen.«[180]

Welchen Interessen dienen Young und Old Leaders?

Wer bis an diesen Punkt gelesen hat, wird aufgrund der dargebotenen Informationen und Zusammenhänge nachvollziehen können, dass das Aspen-Institut wie auch die Atlantik-Brücke und ähnliche transatlantische Netzwerke keineswegs »unabhängige« Gesprächszirkel zum Zwecke des besseren Kennenlernens einflussreicher »Entscheidungsträger« sind. Vielmehr haben sie seit Ende des Zweiten Weltkriegs einen festen Platz in der US-Außenpolitik.

Solcherart stellt sich die Frage nach der Loyalität von Politikern und anderen Entscheidungsträgern aus Medien, Wirtschaft, Militär etc., welche die Young-Leaders-Schulung, z. B. bei Aspen, durchlaufen haben. Wem gilt ihr Interesse, wem gegenüber sehen sie sich rechenschaftspflichtig? Ist es noch das deutsche Volk, von dem Politiker gemäß Amtseid mit ihrer Wahl geloben, »Schaden abzuwenden«, und dessen Nutzen sie mehren wollen?

Zwei Amtseide im Vergleich

»Ich schwöre, dass ich meine Kraft dem Wohle des deutschen Volkes widmen, seinen Nutzen mehren, Schaden von ihm wenden, das Grundgesetz und die Gesetze des Bundes wahren und verteidigen, meine Pflichten gewissenhaft erfüllen und Gerechtigkeit gegen jedermann üben werde. So wahr mir Gott helfe.«

(Amtseid des Bundespräsidenten, des Bundeskanzlers und der Bundesminister)

Dem sei zum Vergleich einmal der türkische Amtseid gegenübergestellt: »*Ich schwöre vor der Großen Türkischen Nation und vor der Geschichte bei meiner Ehre und Würde, dass ich in meiner Eigenschaft als Präsident der Republik die Existenz und Unabhängigkeit des Staates, die unteilbare Einheit von Vaterland und Nation, die uneingeschränkte und bedingungslose Souveränität der Nation schützen werde, der Verfassung, dem Primat des Rechts, der Demokratie, den Prinzipien und Reformen Atatürks sowie dem Prinzip der laizistischen Republik verbunden bleiben werde, von dem Ideal, wonach im Geiste des Wohls und Heils der Nation, der nationalen Solidarität und der Gerechtigkeit jedermann die Menschenrechte und Grundfreiheiten genieße, nicht abweichen werde, mit all meiner Kraft mich um den Schutz und die Mehrung des Ruhmes und der Ehre der Republik Türkei sowie um die unparteiliche Erfüllung des Amtes, welches ich auf mich genommen habe, bemühen werde.*«[181]

Können wir es uns wirklich leisten, die Zugehörigkeit unserer politischen Entscheidungsträger zu derlei Netzwerken weiter zu ignorieren? Sind sie nur Randnotizen wert?

Eine Pressemeldung (Generalanzeiger Bonn vom 16.2.2011) lautet wie folgt: »*Angela Merkel ist gestern von Präsident Barack Obama mit der höchsten zivilen Auszeichnung, der ›Medal of Freedom‹ ausgezeichnet worden. Die Friedensmedaille wird an Menschen verliehen, die einen besonderen Beitrag im nationalen Interesse der USA oder für den Weltfrieden geleistet haben. Neben der Bundeskanzlerin wurden weitere 15 Persönlichkeiten bedacht, darunter Ex-US-Präsident George W. Bush sen., der Multimilliardär Warren Buffet sowie die Holocaust-Überlebende Gerda Weissmann Klein.*« (Frühere Empfänger der Medaille waren u. a. Tony Blair und Margaret Thatcher.)

Einen besonderen Beitrag im nationalen Interesse der USA? Angela Merkel durchlief bekanntlich ebenfalls das Young-Leaders-Programm des American Council on Germany (vgl. Teil I), den Fotos nach zu urteilen etwa in den Jahren 2001/2002, und Aspen-Direktor Jeffrey Gedmin wurde ihr ganz besonderer Vertrauter, wie die Springer-Presse wiederholt mitteilen ließ. Danach wird die deutsche Bundeskanzlerin angeblich sogar von Gedmin »täglich gebrieft[182]«.

Darüber merkt die Schweizer Politikplattform »Politonline.ch« am 4.11.2006 an: *»Im Renommierblatt der Springer-Presse, der Tageszeitung ›Die Welt‹, schreibt Jeffrey Gedmin, ein informeller Berater der Kanzlerin, fast wöchentlich lange Kommentare zum politischen Geschehen; ganz auf der neokonservativen Linie und immer wieder auch mit konkreten Ratschlägen für Angela Merkel. Gedmin gehört zum inneren Zirkel der Neokonservativen, arbeitete eng mit Richard Perle und John Bolton am American Enterprise Institute zusammen und leitet seit Ende 2001, also seit Beginn des ›Weltkrieges gegen den Terrorismus‹, den Berliner Ableger des international tätigen Aspen Instituts. Interessant ist, dass Gedmin selbst hier und da von seiner kommunistischen Vergangenheit schwärmt, weshalb er, wie er sagt, 1984 und 1985 auch zwei Semester lang in der DDR studiert habe, bevor er sich der Politik zuwandte und sich nun vom Kommunismus abgewandt haben will – eine typische neokonservative Autobiographie. Gedmin ›brieft‹ die Kanzlerin täglich: Er hat damit die Rolle inne, die bei der Stasi die Führungsoffiziere hatten. Wenn wir uns noch Demokratie nennen wollen, dann muss Merkel gezwungen werden, die Inhalte dieser täglichen ›Briefings‹ dem Land offenzulegen.«*[183]

Medal of Freedom, verliehen an Angela Merkel für ihren besonderen Einsatz im nationalen Interesse der USA

Seit 2006 gibt es in Deutschland ein Informationsgesetz (analog zum »Freedom of

Information Act« in den Vereinigten Staaten). Warum dieses neue Gesetz mit dem Briefing von Angela Merkel nicht einmal auf die Probe stellen?

Die Frage der Loyalitäten war für Merkel schnell klar: Als die rotgrüne Schröder-Fischer-Regierung 2003 entschied, nicht an der völkerrechtswidrigen Invasion des Irak teilzunehmen und sich damit auf die Seite der ganz überwiegenden Mehrheit der Deutschen stellte, schrieb Angela Merkel am 20.2.2003 für die »Washington Post« einen Artikel, indem sie sich entschieden an die Seite der Amerikaner und ihres geplanten Schlags gegen den Irak stellte. Titel: »Schroeder Doesn't Speak for All Germans«, zu Deutsch: Schröder spricht nicht für alle Deutschen. Der Wortlaut: *»Die wichtigste Lektion für die deutsche Politik ist ›niemals wieder sollte Deutschland einen eigenen Weg gehen‹, dies wird offenbar mit Leichtigkeit von einer deutschen Regierung beiseite gewischt, die genau das getan hat aus Gründen der Wahlkampftaktik.«* Und: *»Die Bedrohung durch Saddam Hussein und seine Massenvernichtungswaffen ist real.«*[184]

Dazu der »Spiegel« vom 18.9.2003: *»Auch die CDU-Vorsitzende Angela Merkel machte sich die amerikanischen Behauptungen schnell zu Eigen. Der außenpolitische Sprecher der Union, Friedbert Pflüger [er ist ebenso Junger Führer, ausgebildet vom American Council on Germany], wiederholte kürzlich abermals, dass er an die Existenz der Massenvernichtungswaffen glaube. Vor dem Krieg bestand Pflüger unentwegt auf dem Aufbau einer ›Drohkulisse‹ und griff die Bundesregierung immer wieder wegen ihrer offen zur Schau getragenen Skepsis an den angeblichen Beweisen hart an. Bloßgestellt wurden die Unionspolitiker mittlerweile von einem Mitglied der US-Regierung: ›Aus bürokratischen Gründen haben wir uns auf ein Thema festgelegt, auf Massenvernichtungswaffen, weil das der einzige Grund war, dem jeder zustimmen konnte‹, gestand Paul Wolfowitz, Vize-Verteidigungsminister der USA, in der Juli-Ausgabe des Magazins ›Vanity Fair‹.«*[185]

Hat man sich beim Iran aus ähnlichen »bürokratischen« Gründen auf angebliche Atomwaffen festgelegt?

Wie die »FAZ« am 9.9.2005 meldete, sieht der ehemalige US-Außenminister Colin Powell die Invasion des Irak aufgrund gefälschter Geheimdienstberichte mittlerweile als »*Schandfleck seiner Karriere*«[186] an. »*Ich wurde enorm enttäuscht.*« Und weiter: »*Es gab Leute beim Geheimdienst, die zu der Zeit wußten, daß einige der Quellen nicht verläßlich waren, und sie haben nichts gesagt. Das hat mich vernichtet*«, sagte Powell.

Wäre Merkel damals schon Bundeskanzlerin gewesen, so wäre Deutschland an der Seite der USA selbstverständlich in den Krieg gegen den Irak eingetreten, es hätte eine Vielzahl von Toten auch auf deutscher Seite gegeben. Sieht so Schaden-vom-deutschen-Volk-Abwenden aus?

Transatlantisches Agenda-Setting

Merkel wie Guttenberg machen ihre unbedingte Loyalität zu den Vereinigten Staaten auch durch die Auswahl der Themen deutlich, die sie auf die (außen-)politische Tagesordnung setzen. Das »Agenda-Setting« beider deckt sich auffällig mit den Themen, die in den transatlantischen Gremien und ihren Strategieforen diskutiert bzw. auf die To-do-Liste gesetzt werden.

Schaut man sich in der Mediathek[187] des Deutschen Bundestages Guttenbergs Reden an und analysiert man die auf seiner Webseite[188] vom Bundestags-Newsarchiv eingespeisten Statements, so fällt auf, dass er es in keiner seiner Ansprachen bzw. Beiträgen, egal über welches Thema, versäumt, vor »antiamerikanischen Reflexen« zu warnen. Er tut das mit einer musterschülerhaften Beflissenheit, die Beklemmungen auslöst. Immer wieder mahnt Guttenberg ein *»engstes, mit den USA und der EU abgestimmtes Vorgehen«* an, er beklagt und geißelt *»die unterschiedslose Verdammung transatlantischen Handelns«*, angebliche *»Beleidigungen und Verleumdungen des Bündnispartners«*, *»manische Kritik an den Vereinigten Staaten und unreflektierte Pauschalierungen«*.

Die Wortwahl bzw. Ausdrucksweise erinnert vielfach an Aspen-Direktor Gedmin. Im Vorfeld des Irakkriegs machte er sich, wie man im Newsarchiv des Deutschen Bundestages nachlesen konnte, für den Militäreinsatz stark als *»Ultima Ratio eines Einsatzes militärischer Mittel, um einer militärischen Bedrohung durch Verbreitung von Massenvernichtungswaffen, internationalem Terrorismus und ›Failing States‹ [= versagende Staaten] zu begegnen.«*[189]

Diktion und klischierte Schablonenhaftigkeit sind erschreckend. Eine intellektuelle Eigenleistung – irgendeinen persönlichen Geistesblitz oder Gedanken, der ihn zum politischen Individuum machen würde – sucht man vergeblich; stattdessen formelhaftes Abspulen transatlantischer Losungen. Guttenberg, ein transatlantischer Klon?

Nirgends zeigt Guttenberg den leisesten Anflug eigener Recherche oder Anzeichen einer Überprüfung der vorgekauten Brocken, jede neue Vokabel wird dankbar aufgegriffen – ob er nun bezüglich des Iraks von einer »Gefahr für den Weltfrieden« schwadroniert, von »Failing States« oder von der »Gefahr neuer Achsenbildungen« in Europa (*»unheilvolle Achse Paris-Berlin-Moskau«*[190]) oder den islamistischen Terror beschwört.

Neue Briefings holt sich Guttenberg offensichtlich auch in Washington selbst ab: *»Der Bundestagsabgeordnete möchte sein weites Netz politischer Kontakte in den USA, das er sich in den vergangenen zwei Jahren während seiner zahlreichen Arbeitsbesuche in Washington aufgebaut hat, in die Arbeit des CSU-Außenausschusses mit einfließen lassen.«*[191]

Selbstverständlich kolportiert Guttenberg auch die Sage von den angeblichen Atomwaffen des Iran und dass dessen Regierung *»Israel mehrmals mit der Auslöschung bedroht habe«*[192]. Offensichtlich ist Guttenberg nicht in der Lage, einmal selbstständig Übersetzungen von Reden des iranischen Staatspräsidenten gegenzuprüfen. Denn Ahmadineschads harsche Rede, *»Das Besatzerregime muss Geschichte werden ...«*, stieß sich am zionistischen Regime und forderte keineswegs, den Staat Israel von der Landkarte zu tilgen, wie es monatelang in den Medien hieß.[193] Aber: Die Welt samt dem Sicherheitsrat der Vereinten Nationen wurde schon einmal mit gefälschten Dokumenten in einen Krieg hineinmanövriert. Eine gefälschte Übersetzung könnte dies wieder bewirken. Wenn Guttenberg 2007 noch ganz im Einklang mit der US-Regierung *»die Mär von den vernünftigen Taliban«*[194] geißelte, so plädierte er, nachdem seit 2008 das Reden mit den Freiheitskämpfern nach Obamas Wahl immer mehr ins Gespräch kam, ab 2009 genau dafür.

Ein weiterer Politiker, den man als Transatlantiker bis in die Haarspitzen bezeichnen kann, ist Ruprecht Polenz, Vorsitzender und seit 1994 (!) Mitglied des Auswärtigen Ausschusses des Deutschen Bundestages, in den auch Guttenberg 2002 berufen wurde. Wie in Teil I schon thematisiert, ist der Auswärtige Ausschuss faktisches Entscheidungsgremium für hochsensible Sicherheitsbelange Deutschlands. Polenz wie Guttenberg weilten immer wieder in Washington zu »Sicherheitsgesprächen«. Dort spricht man die transatlantische Politik mit entsprechenden Gremien des US-Kongresses und den Sicherheitsberatern des Präsidenten ab.

Schon 2008 sprach er sich für einen Einsatz der Bundeswehr auch im gefährlichen Süden Afghanistans aus.[195] Polenz ist vehementer Verfechter des EU-Beitritts der Türkei, einer wichtigen transatlantischen Forderung. Wendet er damit Schaden vom deutschen Volk ab? Man sollte genau hinhören, wenn er etwas befürwortet. Polenz ist einer der transatlantischen »Zeremonienmeister« in Deutschland.

Ruprecht Polenz (geb. 1946), Vorsitzender des Auswärtigen Ausschusses und gewichtiger Transatlantiker

Nicht zuletzt sitzt Polenz zusammen mit Guttenberg und Jeffrey Gedmin in der »Atlantischen Initiative«, in der sich die »üblichen Verdächtigen« wiederfinden.[196] Ein Auszug aus den Aktivitäten: *»Die Initiative führt eine Reihe von Veranstaltungsserien durch, meist in Kooperation mit Partnern wie der NATO, der Deutschen Gesellschaft für Auswärtige Politik oder der Heinrich-Böll-Stiftung. So wurde z. B. die so genannte ›Atlantic Happy Hour‹ in Kooperation mit der NATO entwickelt. Zweimal wurde der NATO-Generalsekretär in besonderem Ambiente mit jeweils mehr als 100 Vertretern der nächsten Generation von Entscheidungsträgern zusammengebracht.«*[197]

Weitere Aktivitäten in transatlantischen Gremien: Polenz ist Präsident der Deutschen Atlantischen Gesellschaft e. V. (1997–2006), Beirat der Atlantischen Initiative, Beirat des European Council on Foreign Relations und Mitglied im Beirat des Center for Global Politics der Freien Universität Berlin.

Die deutschen Anhänger der Doktrin des Transatlantizismus scheinen unter einer fortgeschrittenen Verengung des Gesichtsfeldes zu leiden, Deutschland hat nämlich noch andere Nachbarn und Wirtschaftspartner, doch hört man rein gar nichts von regelmäßigen »Sicherheitsgesprächen« z. B. mit Frankreich, Russland oder China. Das ist nur mit einer starken ideologischen Festgefahrenheit zu erklären, denn Deutschland erhält sein Erdgas nicht aus den USA, auch seine wichtigen seltenen Erden nicht. Und der größte Absatzmarkt für deutsche Industrieprodukte liegt, nach den Ländern der EU, in Asien (mit China gleichzeitig als wichtigstem Lieferanten) und ebenfalls nicht in den USA. Eines erhielt Deutschland jedoch von dort: die Finanzkrise, die weiterhin die reale Wirtschaft und die Geldstabilität bedroht.

Trotz dieser offensichtlichen, ganz realen Abhängigkeiten und Zusammenhänge wurde in den letzten Jahren unter dem zunehmenden Einfluss der Transatlantiker Deutschlands Daseins- und Existenzberechtigung, ja seine gesamte Staatsräson auf ein neues Fundament gestellt: das des Transatlantizismus.

Guttenberg hat die Inhalte dieser neuen Doktrin in seinen Äußerungen wohl mit am deutlichsten in all ihren Variationen verinnerlicht und ausformuliert, was man anhand seiner Reden nachprüfen kann. Die wichtigsten Punkte:

- ein immerwährender Konsens;
- enge, ja engste Kooperation und Abstimmung mit den USA;
- immerwährende Verlässlichkeit sowie Berechenbarkeit gegenüber den USA;
- gemeinsame Sicherheitsstrategie mit den USA;
- Deutschland als engster Bündnispartner in der transatlantischen Sicherheitspartnerschaft, Sicherheitsarchitektur, Sicherheitsgefüge;
- immerwährende gemeinsame Werte, Wertefundament;
- Absage an jeden eigenen Weg, Alleingang, Sonderweg, insbesondere auch Absage an eigene Gedanken, Ideen oder Konzepte;
- Endziel: Die Interessen und Bedürfnisse beider Länder werden mehr und mehr als grundsätzlich deckungsgleich gesehen bzw. definiert.

Endstadium: Verkümmerung und schlussendlich Absterben der Wahrnehmung deutscher Interessen und Bedürfnisse, Ende der Nationalstaatlichkeit Deutschlands: transatlantisches Paradies.

Diese Doktrin hat mit der Wahrung deutscher Interessen nichts zu tun, denn sie kettet uns auf Gedeih und Verderb an einen von Angriffskriegen, hemmungsloser Verschuldung und Finanzdesaster gebeutelten Staat, dessen Talfahrt Deutschland mit in den Abgrund reißen könnte. Es wäre nicht das erste Mal in seiner Geschichte, dass Deutschland durch eine mit Blindheit und mangelnde Intelligenz geschlagene Elite, welche das Menetekel an der Wand nicht erkennt, auf den Weg des bitteren Endes geführt wird ...

Der Transatlantizimus ist Komponente Nr. 1 in Deutschlands neuer Selbstdefinition. Es gibt aber noch zwei weitere Komponenten, die nahezu unmerklich unter Frau Merkel eingeführt wurden.

Merkel am 7.12.2003 auf der Tagung »5. europäisch-israelischer Dialog«: *»Wir Deutschen haben viele Jahre lang unser Selbstverständnis vor allem auf der ökonomischen Stärke, auf dem Erfolg der sozialen Marktwirtschaft gegründet. Aber wir haben unsere Demokratie auch auf den Lehren aus der Geschichte aufgebaut. Dazu gehört unverrückbar die Anerkennung der Singularität des Holocaust. Sie war und ist die Voraussetzung dafür, dass wir frei und souverän sein können.«*[198]

Merkel am 16.6.2005 in Berlin bei »60 Jahre CDU«: *»Die Verantwortung Deutschlands für die europäische Einigung, für die transatlantische Partnerschaft, für die Existenz Israels – all das gehört zum Kern der Staatsräson unseres Landes und zur Räson unserer Partei.«*[199]

Rede Angela Merkels anlässlich der Verleihung des Leo-Baeck-Preises durch den Zentralrat der Juden am 18.5.2009: *»Nur indem wir uns zur immerwährenden Verantwortung für die moralische Katastrophe der deutschen Geschichte bekennen, können wir unsere Zukunft menschlich gestalten. [...] Dann kommt die Stunde der Bewährung. Dann zeigt sich, ob den Reden Taten folgen. Und zwar ganz konkret: Zum Beispiel indem wir in der Auseinandersetzung um das Nuklearprogramm des Iran nicht auf das Prinzip Hoffnung setzen, sondern auf Entschlossenheit und Geschlossenheit. [...] 60 Jahre Israel – das wird ein Tag, den wir mit Freude, aber nicht ohne Sorge feiern können. Denn noch immer sind die Sicherheit und Existenz dieses Staates bedroht. Ich bekenne mich ausdrücklich zur besonderen historischen Verantwortung Deutschlands für die Sicherheit und Existenz Israels. Ich bin mir bewusst: Angesichts der Bedrohung Israels durch das Nuklearprogramm* *des Iran dürfen das keine leeren Worte bleiben. Diesen Worten müssen Taten folgen.«*[200]

Die »Zeit« am 26.11.2009: *»Israels Sicherheit, sein Überleben, sagt die Kanzlerin ein ums andere Mal, sei Teil der ›deutschen Staatsräson‹. So weit ist bisher kein deutscher Kanzler vor ihr gegangen. Merkel gibt Israel Deutschlands Wort, eine Garantie in der gefährlichsten Region der Welt, dem Nahen Osten. Was heißt das für uns?«*[201]

Die oben angeführten Zitate sprechen für sich: Die zweite Komponente der deutschen Daseinsberechtigung ist Israel. In der Lesart Merkels eine unbegrenzte Sicherheitsgarantie mit einer immerwährenden Anerkennung der Schuld Deutschlands und der Singularität des Holocaust als Voraussetzung für Freiheit und Souveränität Deutschlands.

Die dritte Komponente deutscher Daseinsberechtigung und Staatsräson ist die EU, das unbedingte Aufgehen Deutschlands in ihr, d. h. eine Forcierung des Abtretens von mehr und mehr Souveränitätsrechten. Der angestrebte Endzustand und die Erfüllung dieser Raison d'être wäre danach die letztendliche Auflösung der Nationalstaatlichkeit Deutschlands.

Die Neudefinition Deutschlands kommt einem transatlantischen Putsch gleich, der offensichtlich kaum jemandem aufgefallen ist. Das ist in seiner Konsequenz in vielerlei Hinsicht gefährlich.

Diese Neudefinition verstößt gegen Geist und Buchstaben des Völkerrechts. Dieses kennt nämlich keine Vorbedingungen für die Souveränität von Völkern und Staaten. Sie haben das Recht zu existieren – aus sich selbst heraus. Damit lehnt sich das Völkerrecht an die Menschenrechte an: Für die Existenz und die Freiheit eines Menschen gibt es aus gutem Grunde auch keine Vorbedingungen, die es zuerst zu erfüllen gelte. Alle Menschen besitzen diese Rechte von Natur und Geburt an, genauso wie Völker.

Das Netzwerk in Aktion: zwei Beispiele

Wer wie Guttenberg beim American Council on Germany, bei Aspen und bei den Brücklern zur Schule gegangen ist, dem sind die Größen der hohen Finanzwelt bestens vertraut. Institute wie die Deutsche Bank oder Goldman Sachs, Morgan Stanley usw. finanzieren die Netzwerke schließlich zu einem Gutteil, wie man den diesbezüglichen offenen Angaben der Institute entnehmen kann. Sowohl Axel Weber (Bundesbank) als auch Joe Ackermann (Deutsche Bank) sind dort gerne gesehene Vortragsredner.

Als Guttenberg im Februar 2009 neuer Wirtschaftsminister wurde, folgte dies einzig der transatlantizistischen Logik, denn er verfügte, wie dargestellt, über keinerlei besondere Qualifikationen, welche die Berufung auf diesen Posten gerechtfertigt hätte. Von seinen speziellen Verbindungen abgesehen.

Auch das »Handelsblatt« bemerkte in einem Artikel vom 16.3.2009, dass Guttenberg auf »beachtliche Netzwerke« zurückgreifen könne:

»Der University Club gehört zu den sehr traditionsreichen Treffpunkten in Manhattan. Die Teppiche sind dick, die Decken hoch, die Ölgemälde düster, der Krawattenzwang zählt zu den eisernen Gesetzen. Im siebten Stock befindet sich der dunkel getäfelte Speisesaal, an festlich gedeckten runden Tischen sitzen Politiker, Banker und Geschäftsleute, Deutsche und Amerikaner.

Eingeladen hat Bundeswirtschaftsminister Karl-Theodor zu Guttenberg (CSU). Er nimmt an Tisch eins Platz, direkt neben George Soros, der lebenden Legende unter den Investmentbankern. Zu Guttenberg fühlt sich sichtlich wohl in dieser Gesellschaft, strahlt über das ganze Gesicht. Hier geht es einmal nicht um die Niederungen der Tagespolitik, hier geht es ums große Ganze. Zu Guttenberg verleiht in seiner Begrüßung seiner Sorge um die Stabilität der Finanzmärkte Ausdruck und unterstreicht die Bedeutung des G20-Gipfels Anfang April.

Das Treffen zum Auftakt der USA-Reise des Bundeswirtschaftsministers macht deutlich, dass zu Guttenberg nicht nach New York und Washington fährt, um Opel zu retten; in dieser Hinsicht dämpft er gleich zu Beginn die hoch gesteckten Erwartungen. Vielmehr will er zeigen, wie er sich auf internationalem Parkett bewegt und welche Kontakte er hat.

Der Montagvormittag in New York ist komplett der Finanzbranche gewidmet. Der Minister trifft die CEOs der großen Häuser zu vertraulichen Gesprächen. Zunächst geht es zu John J. Mack, CEO von Morgan Stanley, danach zu Jamie Dimon, Chef von J.P. Morgan Chase, dann weiter zu Lloyd C. Blankfein, Chairman und CEO von Goldman Sachs. Natürlich geht es um die Finanzmärkte und deren Regulierung, um Konjunkturpakete und Staatsverschuldung. Und weil die Journalisten immer wieder danach fragen: Ja, es gehe in den Gesprächen mit den Bankern auch darum, Investoren für Opel zu finden. Aber das klingt nicht sehr überzeugend.

Die vielen Termine in New York und Washington hat sich zu Guttenberg übrigens zum großen Teil selbst organisiert. Im Ministerium heißt es, zu Guttenberg verfüge über ein beachtliches Netzwerk.«[202]

Guttenberg wurde Wirtschaftsminister, als die Finanzkrise bereits in vollem Gange war. Im September 2008 war die Hypo Real Estate (HRE), eine bis dato eher unbekannte Bank mit staatlichen Milliardengarantien als »systemrelevant« künstlich am Leben gehalten worden. Spätestens da wurde klar, dass sich in den vorangehenden Jahren auch in Deutschland eine sogenannte »Finanz-Industrie« gebildet hatte, die völlig zu Unrecht so bezeichnete »Finanz-Produkte«

verfertigte und verkaufte. Die Produkte tragen z. B. so merkwürdige Namen wie ABS, was nicht »Antiblockiersystem«, sondern »Asset backed Securities« heißt. Sie bezeichnen angebliche Vermögensgegenstände, die mit angeblichen Wertpapieren unterlegt waren. Die deutschen Banken hatten 2004 für diesen Markt der Erfindung finanzieller Fantasieprodukte, auch »Verbriefungsmarkt« genannt, eigens eine Zentrale gegründet, die (nach eigenen Angaben) auch Behörden und Gesetzgeber zugunsten dieser »hervorragenden Produkte« beraten sollte. Name: True Sales International (TSI).

Leider erwies sich die HRE als Endlagerstätte dieser Finanzprodukte, es drohte die Verstaatlichung. Beraterfirmen, die sich vorher an der Aufblähung der Finanzmärkte beratend engagiert hatten, entdeckten nun den Wachstumsmarkt Insolvenz als »strategisches Instrument« (vgl. TSI-Webseite[203]). Wirtschaftsminister zu Guttenberg beauftragte nicht die Beamten seines Ministeriums, sondern die »Big-Law-Firm« »Linklaters LLP«, eine Partnerin von TSI (!) mit 2400 Anwälten, damit, ein Gesetz auszuarbeiten. Der Speyrer Staatsrechtler Hans Herbert von Arnim geißelte das später scharf: *»Es besteht die Gefahr, dass der Gesetzgeber immer mehr zum Gesetznehmer wird.«*[204] Guttenberg übernahm jenes »Gesetz zur Ergänzung des Kreditwesengesetzes« eins zu eins bis hin zum Briefkopf von der britischen Großkanzlei und belegte damit schon damals, dass er keine falsche Scheu hat zu kopieren. Das stand aber im Gegensatz zu einer Aussage vor dem Haushaltsausschuss im August 2009, er habe sich *»nur beraten, aber keinen Gesetzesentwurf erstellen lassen«*[205]. Dazu kommentierte die globalisierungskritische Initiative »Attac«: *»Der wahre Skandal ist, dass die Bundesregierung sich weiterhin von genau jenen so genannten Beratern helfen lässt, die die Krise mit verursacht haben und daher nach wie vor auf eine möglichst geringe Regulierung der Banken und Finanzmärkte drängen.*

Die Anwaltskanzlei Linklaters, die zu Guttenberg mit der Formulierung des Gesetzesentwurfes zur Zwangsverwaltung maroder Banken beauftragt hatte, hat sich einen Namen gemacht als Lobbyisten-Kanzlei für hoch riskante Finanzprodukte. Linklaters arbeitet für True Sale International, einen Bankenzusammenschluss, der 2004 von 13 großen Banken gegründet wurde und mit Stiftungskonstruktionen eben jene Verbriefungen in großem Stil auf den Weg brachte, die als zentraler Auslöser der Finanzkrise gelten. Einer der Gründer von True Sale International ist zudem Jörg Asmussen, der heute als Staatssekretär im Finanzministerium eine zentrale Rolle bei der Krisenpolitik der Bundesregierung spielt.

Linklater ist kein Einzelfall. Krisenverursacher mit der Erstellung von Gesetzesentwürfen zum Thema Bankenrettung zu beauftragen gehört zur Routine der Bundesregierung. So stammt der Text für das bereits verabschiedete Gesetz zur Verstaatlichung der Hypo Real Estate (HRE) aus der Feder von Freshfield Bruckhaus Deringer: Die international agierende Kanzlei ist unter anderem verantwortlich für viele Public-Private-Partnership-Modelle und die unübersichtlichen Cross-Border-Leasing-Verträge, die derzeit zahlreiche Kommunen in Deutschland an den Rand des Ruins treiben. Beteiligt am HRE-Entwurf war auch die deutsche Kanzlei Hengeler Müller. Sie arbeitet zugleich für die Deutsche Bank und den Großaktionär der HRE, J.C. Flowers.

Attac fordert die Bundesregierung auf, die Vergabe jeglicher Aufträge an die Verursacher der Finanzkrise zu beenden. Mit diesen Beratern ist eine Bewältigung der Krise im Interesse und zum Wohl der Allgemeinheit ausgeschlossen. Was wir brauchen, ist endlich eine öffentliche Auseinandersetzung mit den Ursachen der Krise. Als Voraussetzung dafür muss die Bundesregierung die Banken endlich zwingen, alle Karten offen auf den Tisch zu legen.«[206]

Auf einen parlamentarischen Untersuchungsausschuss zur Finanzkrise und deren Verantwortlichen wartet die deutsche Öffentlichkeit bis heute.

Kommen wir zum zweiten Beispiel: dem Airbus-Skandal.

Thomas Enders war bis vor kurzem noch Vorsitzender der Atlantik-Brücke. Im richtigen Leben ist er Chef von Airbus, der Tochter des europäischen Luftfahrt-, Raumfahrt- und Rüstungskonzerns »EADS« (gegründet 1990). Nach Boeing ist EADS weltweit der zweitgrößte Luft- und Raumfahrtkonzern.

Schon seit Jahren betrieb Airbus ein Rüstungsprojekt: den A400M; »M« steht für Military. Der geplante Großraumtransporter ist haushoch, kann ca. 116 Soldaten, mehrere Panzer, Hubschrauber, Raketenwerfer, Gelände- und Lastwagen und vieles mehr transportieren. Seine Reichweite ist enorm. Einige europäische Staaten und die Türkei wollten insgesamt 180 Flugzeuge bestellen, Deutschland war mit 60 dabei, der größte Posten der Bestellliste. Der Vertrag sah für EADS Strafen bei verspäteter Lieferung vor und hatte sogar eine Ausstiegsklausel. Das war der Stand von 2003. Im März 2010 wurde nach langem technischen und finanziellen »Hickhack« bekannt, dass es beim Airbus horrende Mehrkosten gab. Die Rede war zunächst von mehreren Milliarden Euro. Für Deutschland führte Guttenberg, inzwischen Verteidigungsminister, die Vertragsverhandlungen mit Airbus- und Brücke-Chef Enders – oder besser gesagt, er führte sie nicht.

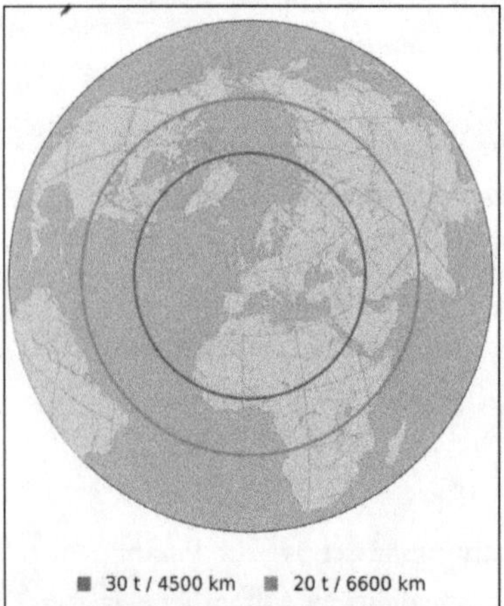

Reichweite des Airbus A400 M je nach Last

Im November 2010 nämlich wurde bekannt, dass Guttenberg Airbus die Vertragsstrafe von 398 Millionen Euro erlassen hatte trotz immenser Verzögerungen des Projekts. Und nicht nur das. Deutschland bestellte jetzt nur noch 53 statt 60

Flugzeuge, die zudem keine automatische Tiefflugfähigkeit mehr besitzen sollten, zahlt aber dafür den gleichen Preis und akzeptiert eine Preissteigerung für den A400M in Höhe von 346 Millionen Euro für eine erneute spätere Auslieferung (z. B. von vier Jahren). Und Guttenberg gewährt EADS einen Kredit in Höhe einer halben Milliarde Euro für den Export des Transportfliegers. In Wirklichkeit aber hätten dem Bund sowohl die Vertragsstrafe von EADS zugestanden als auch eine Einsparung von ca. eine Milliarde Euro, entsprechend der sieben Flugzeuge, die weniger bestellt wurden. Schaden: vorerst ca. 1,5 Milliarden Euro für den Steuerzahler![207]

Kritiker monieren, der A400 Military sei ein reines Prestigeobjekt und dass es für den Monsterflieger möglicherweise gar keinen Markt gebe. Es sei denn, es tritt das ein, was Guttenberg am 24.4.2010 auf der Trauerfeier für vier in Afghanistan getötete Bundeswehrsoldaten prophezeite: *»Es wird weitere Tote geben – auch bei anderen Auslandseinsätzen.«*[208]

Auch hier erhebt sich die Frage: Wog bei den Verhandlungen Guttenbergs Verpflichtungen gegenüber dem Atlantik-Brücke-Chef Enders schwerer als die gegenüber dem deutschen Steuerzahler?

Da unsere Medien jedoch in der Spitze transatlantizistisch geprägt sind, wie ein Blick auf die Mitgliederlisten beweist, werden wir auf die Beantwortung dieser Frage noch lange warten müssen.

Wie Karl-Theodor zum Doktor gemacht wurde

Ein Projekt wie dasjenige, einen »Shooting-Star«, Minister und zukünftigen Bundeskanzler aufzubauen, ist eine langfristige Investition. Daher wurde alles daran gesetzt, Guttenberg trotz des erwiesenen wissenschaftlichen Betrugs, trotz Lügen und Halbwahrheiten sowie der Ehrlosigkeit des Vorgangs zu halten.

Dass jemand, der seit fast zehn Jahren protegiert und zum Medienereignis stilisiert wird, die Bodenhaftung verlieren kann, ist das eine. Der eigentliche Skandal aber ist ein ganz anderer:

Das offensichtliche Plagiat – es waren nach der Statistik der Internet-Plattform »Guttenplag Wikia«[209] ca. 94 % der Seiten betroffen – wurde an der Universität Bayreuth mit »summa cum laude« bewertet, die akademische »Patchworkarbeit« also offensichtlich weder geprüft noch eingehender gelesen. Das vermittelt den Eindruck, als würde man bestimmte Kandidaten auf die Überholspur setzen, während das Gros der Studenten seine akademischen Ehren in mühevoller Eigenarbeit erwerben muss.

Schon die Zulassung Guttenbergs zur Promotion erfolgte mit einer Sondergenehmigung des (CSU-nahen) Dekans, Prof. Karl-Georg Loritz, seines Doktorvaters Prof. Peter Häberle sowie durch den (CSU-nahen) Zweitgutachter, Prof. Rudolf Streinz, denn Guttenberg hatte die als Voraussetzung für die Zulassung zur Doktorarbeit notwendige Mindestnote »Voll befriedigend« nicht erreicht.[210]

Warum übersahen die Professoren das Offensichtliche? Warum bedachten sie etwas mit »höchstem Lob«, was nicht im Mindesten den Grundsätzen wissenschaftlichen Arbeitens entsprach, wie die Universität Bayreuth bei der Begründung für die Aberkennung des Doktorgrades verlauten ließ?[211] Gab es ein Netzwerk, das sich als Doktormacher betätigte?

Auffällig ist zum einen, dass der renommierte Staatsrechtler Häberle absolut gar nichts gemerkt haben soll – nicht einmal, dass der Doktorand aus einem Standardwerk des Doktorvaters abschrieb. Häberle genießt in Deutschland und Europa höchste Anerkennung und Ehren: Eine schier unüberschaubare Anzahl von Ehrendoktorwürden europäischer Universitäten zieren seinen Namen. 2007 erhielt er zudem aus der Hand des Ministerpräsidenten Edmund Stoiber den Bayrischen Verdienstorden, 1997 hatte er bereits das Bundesverdienstkreuz verliehen bekommen. Im Vergleich mit Prof. Karl Albrecht Schachtschneider, Emeritus aus Erlangen, der ebenfalls

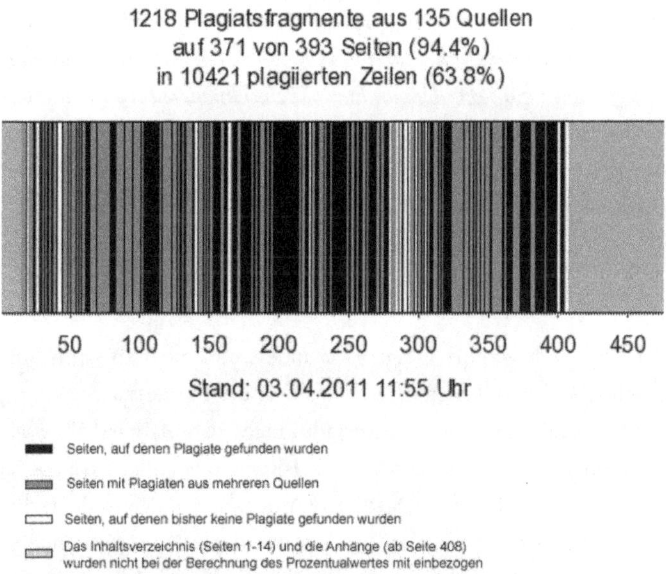

Guttenbergs Doktorarbeit unter der »Echtheitslupe«: Startschuss zu einem demokratischen Selbstreinigungsprozess?

einen Lehrstuhl für Öffentliches und Staatsrecht bekleidete, muten Häberles Auslobungen überproportional an. Womit könnte diese Diskrepanz zusammenhängen?

Schachtschneider ist ein Rechtsgelehrter, der sein Wissen in den Dienst der Souveränität der Nationalstaaten und seiner Bürger stellt. Er hat sich als EU- und Euro-Kritiker nicht zuletzt mit seinen Verfassungsklagen gegen den Vertrag von Maastricht und das Vertragswerk von Lissabon einen Namen gemacht. Damit und mit seiner laufenden Verfassungsklage (mit vier weiteren Professoren) gegen den Euro-Rettungsschirm sitzt er der politischen Klasse in Deutschland im Nacken. Schachtschneider hatte immer wieder darauf hingewiesen, dass es einer Volksabstimmung darüber bedürfe, ob der deutsche Souverän gewillt ist, umfassende Rechte (*»seine umfassende Staatsgewalt«*) an Brüssel abzutreten. Im Zusammenhang mit der Euro-Rettung kritisiert Schachtschneider in seiner Klage: *»Das Einstehen für Schulden anderer Staaten, das bereits praktiziert wird, schafft eine Haftungs- und Finanzunion. Diese Politik ist der endgültige Schritt zum Bundesstaat Europäische Union, selbst wenn das nur für Notfälle vereinbart wird. Auf diese Weise soll der Euro, dessen Zweck immer schon war, die Staatswerdung der Union zu erzwingen, gerettet werden.«*[212] Bei einer Änderung der Staatsform, so der Staatsrechtler, müssten jedoch die Deutschen in einem Referendum befragt werden.

Bei Häberle liegen die Dinge ganz anders, um nicht zu sagen umgekehrt. Er ist ein vehementer Verfechter der Bundesstaatswerdung der EU und wendet sich gegen traditionelle nationalstaatliche Souveränität: Damit ist er bei der Merkel-Regierung äußerst beliebt, ja er wird quasi »gebraucht«. Seine Argumentationen liefern die rechtliche Abschirmung für das Tun der Politiker. Auch Guttenbergs Doktorarbeit ging bekanntlich über das Thema der Staatswerdung der Europäischen Union im historischen Vergleich zu der der Vereinigten Staaten von Amerika.

Für den hochbeliebten Häberle wurde eigens ein Forschungsinstitut eingerichtet: die sogenannte Forschungsstelle für Europäisches Verfassungsrecht.[213] In seinem Buch »Europäische Verfassungslehre«[214] erteilt er allem Festhalten an nationalstaatlicher Souveränität eine entschiedene Absage: *»Mit den überkommenen Begriffen der ›Allgemeinen Staatslehre‹ und einem traditionellen Denken, das noch in den Kategorien von Nationalstaat und Souveränität verharrt, ist die neue politische Wirklichkeit des europäischen Verfassungsverbundes aber nicht mehr angemessen zu erfassen. Die überholte staatsrechtliche Begrifflichkeit muss auf dem Forum einer Europäischen Verfassungslehre ganz neu durchdacht werden.«*

Ganz ähnlich sein Tenor in »Verfassungsvergleichung in europa- und weltbürgerlicher Absicht«: *»Die ›weltbürgerliche‹, heute auch ›europabürgerliche Absicht‹ im Sinne und in Fortschreibung von I. Kant ist ihm wissenschaftliches Paradigma, das allen strikt positivistischen oder national-introvertierten Ansätzen eine klare Absage erteilt.«*[215] Mit seiner Überzeugung ist Häberle eine wichtige Referenz für die Politik der Transatlantizisten, die eine Staatswerdung der EU auch ohne Referenden erzwingen wollen.

Auf Nachfrage bestätigte Prof. Schachtschneider im Prinzip diese Überlegungen und nimmt wie folgt zu Häberles Schriften Stellung: *»Mir ist sie zu wenig Dogmatik und zu viel Schwärmerei. Dafür erntet man viel Doktorierungen ehrenhalber, hilft aber nicht bei der Verteidigung des Rechts. P. Häberle, persönlich liebenswert, hat beachtliche Beiträge geleistet, die ich gut kenne. Aber in Sachen europäischer Integration finde ich seine Lehre nicht kritikwürdig. Sie verlässt elementare Prinzipien von Freiheit und Recht und damit Demokratie und Rechtsstaat. Sie ist internationalistisch und vermag daher m. E. zum Recht nichts beizutragen. Eine Neudefinition von Begriffen, die dem Zeitgeist gerecht werden will, hilft nicht weiter. Eine empirische Rechtslehre, also eine Rechtslehre, welche den Machtverhältnissen gerecht werden will oder Visionen folgt, ist das Gegenteil einer aufklärerischen Ethik. [...]*

Mittelbar habe ich diese durch all meine Schriften und Verfassungsbeschwerden zurückgewiesen.«[216]

Und der Zweitgutachter der Doktorarbeit? Prof. Rudolf Streinz, für kurze Zeit selbst als CSU-Landrat in der Politik, ist seit 2005 Vertrauensdozent der CSU-nahen Hans-Seidel-Stiftung an der Münchner Universität (LMU). Bis 2003 hatte er einen Lehrstuhl in Bayreuth inne für Öffentliches, Völker- und Europarecht. Als Mitglied einer Kommission entscheidet er über die Auswahl der Stipendiaten der CSU-Stiftung an der LMU München.[217]

Wir bewegen uns also an der Universität Bayreuth in einem CSU-dominierten Biotop. Gleiches gilt für das Entstehungsumfeld der Guttenberg'schen Doktorarbeit. So meldete etwa der »Tagesspiegel« am 25.2.2011: *»Während der Arbeit an seiner Dissertation hat sich der CSU-Politiker Karl-Theodor zu Guttenberg an der Universität Bayreuth über seinen Familienbesitz auch als Sponsor betätigt. Zwischen 1999 und 2006 seien für einen neuen Lehrstuhl an der Rechts- und Wirtschaftswissenschaftlichen Fakultät der Universität Bayreuth insgesamt 747.764,36 Euro überwiesen worden, bestätigte die Rhön-Klinikum AG dem Tagesspiegel. Guttenberg saß von 1996 bis 2002 im Aufsichtsrat der Rhön-Klinikum AG, seine Familie hielt dort bis 2002 ein dickes Aktienpaket. Der CSU-Politiker studierte von 1992 bis 1999 in Bayreuth Rechtswissenschaften und promovierte dort 2007 mit der Bestnote ›summa cum laude‹. Mit seiner Arbeit an der Dissertation begann er nach eigenen Angaben im Jahr 2000.«*[218]

Der Konzern Rhön-Klinikum AG gehörte zu den Stiftern des Lehrstuhls für Medizinmanagement, der bei der Rechts- und Wirtschaftswissenschaftlichen Fakultät der Uni Bayreuth angesiedelt ist. Einen Zusammenhang zwischen Spenden und Doktorarbeit des Freiherrn hat das Klinikum in einer Presseerklärung entschieden abgelehnt.[219] »Die Evangelische« kommentierte das am 24.2.2011 so: *»Guttenberg war also zumindest während eines Teils seines Studiums Mitbesitzer und Aufsichts-*

ratsmitglied eines der wichtigsten Sponsoren der Uni Bayreuth. Das Rhön-Klinikum weist nun natürlich genauso jeden Verdacht einer Einflussnahme zurück wie die Hochschule: ›Mit den für Guttenberg zuständigen Professoren habe man nichts zu tun gehabt. Das Engagement sei vor fünf Jahren beendet worden, die letzte Rate floss am 4. April 2006.‹«[220]

Ein starkes Netzwerk versuchte nach Aufdeckung der Affäre Guttenberg trotz immer neuer Vorwürfe unter allen Umständen zu halten, angeblich steigende Umfragewerte dienten als Begründung. Solches lässt sich naturgemäß kaum verifizieren. Wenn man jedoch im Internet die Befragungen der Leserschaft kontrollierte, entschied sich immer eine deutliche Mehrheit für den Rücktritt des Ministers.

Auch »Bild« erlebte deutliche Diskrepanzen zwischen den Ergebnissen seiner Anrufaktion (»Heute stimmt Deutschland ab«) und der »Bild-online«-Plattform, wo man seine Zustimmung zum Verbleib des Ministers abgeben sollte. Der »Spiegel« kommentierte: *»Als sich – online – eine Mehrheit gegen den Minister abzeichnete, nahmen die Redakteure die Befragung vorübergehend von der Webseite und diskutierten, wie man das Verfahren umstellen könnte, um die Widersprüche zwischen Print- und Online-›Bild‹ aufzulösen. Das blieb in der schnellen Welt des Internets nicht unbemerkt. Journalisten erkundigten sich nach dem Verbleib und dem Ergebnis der Internetbefragung, die daraufhin wieder auf Bild.de zurückkehrte. Ergebnis bis Samstag 1:15 Uhr: 57 % für den Rücktritt.«*[221]

Wenn schon bei den Lesern von »Bild«, die einer andauernden Positivkampagne in Sachen Guttenberg unterzogen werden, die Stimmung negativ war, sollte das zu denken geben.

»Rückhalt bekam der Verteidigungsminister von Baden-Württembergs Ministerpräsident Stefan Mappus (CDU). ›Er ist ein ausgezeichneter Verteidigungsminister‹, sagte er der ›Welt am Sonntag‹. Finanzminister Wolfgang Schäuble (CDU) sagte dem Magazin ›Focus‹, Guttenberg

habe ›noch eine lange, große Laufbahn‹ vor sich.«[222] Letzteres glaubte auch Wolfgang Bosbach, von 2000 bis 2009 stellvertretender Vorsitzender der CDU/CSU-Bundestagsfraktion und seit 2009 Vorsitzender des Innenausschusses des Deutschen Bundestags. Er sagte am 26.2.2011 im »Heute Journal«: *»Dort wo er in der Bevölkerung Vertrauen verloren hat, wird er in den nächsten Jahren durch eine gute Politik und eine engagierte Arbeit verloren gegangenes Vertrauen wieder zurückgewinnen.«* Und bei Maybrit Illner: *»Karl-Theodor zu Guttenberg wird von uns Rückendeckung bekommen, nicht nur heute, sondern auch in Zukunft. [...] Man wird ihn nicht an dieser Fehlleistung messen. Messen wird man ihn an seinen Leistungen, die er schon erbracht hat oder in Zukunft noch erbringen wird. Er genießt ja nicht per Zufall, sondern aufgrund seiner Lebensleistung und seiner politischen Leitung hohes Ansehen auch in der Bürgerschaft.«*[223]

Politische Leitung? Das zumindest wird man absolut bestätigen können. Bosbach, ebenfalls ein Transatlantiker alter Schule, ist bekannt für seine klaren Stellungnahmen: für Internetzensur, für mehr Videoüberwachung in öffentlichen Räumen, für die Einführung von Nacktscannern und die vom Bundesverfassungsgericht untersagte Einführung der Vorratsdatenspeicherung. Nun sprach er ein transatlantisches Machtwort: *»Karl-Theodor zu Guttenberg wird von uns Rückendeckung bekommen, nicht nur heute, sondern auch in Zukunft.«*[224] Die Netzwerker outen sich, man muss nur genau hinhören und beobachten, wer sich zu Wort meldet.

Bei der »Bild-Zeitung« blieb es nicht bei Wortmeldungen, sondern sie startete sofort eine Dauerkampagne »Ja, wir stehen zu Guttenberg«, um ihrem »Star« zu Hilfe zu eilen und zu verhindern, dass er womöglich vorzeitig verglühte. Vielleicht waren neben gemeinsamen Abenden bei der Atlantik-Brücke dem »Bild«-Chefredakteur Kai Diekmann auch noch 600.000 Euro von Guttenberg Motiv, dem Kollegen beizuspringen. Der »Tagesspiegel« kommentiert: *»Diese Unterstützung hat Guttenberg offenbar goutiert. Noch vor sei-*

nem Rücktritt war entschieden worden, dass die Bundeswehr 600.000 Euro für eine Werbekampagne in den Springer-Medien ausgeben will. Am Dienstagmorgen konnte Bild.de dann als erstes Medium verkünden, dass Guttenberg von seinen Ämtern zurücktreten will, kurz nach dem Rücktritt war auf Bild.de die offizielle Erklärung zu lesen.«[225]

Transatlantizistisches Bemühen ist bei Springer über das Tagesgeschäft hinaus seit jeher das Leitmotiv, auch wenn es in verschiedenen Gewandungen wie etwa »Rechtspopulismus«, »Anti-Islamismus« oder, wie im Fall Guttenberg, scheinbar antibürgerlich daherkommt: *»Macht keinen guten Mann kaputt. Scheiß auf den Doktor«.*[226]

Axel Cäsar Springer legte den Grundstein des Transatlantizismus; nach seinem Tod pflegt seine Frau Friede diese Tradition weiter. Dazu gehört ein unermüdliches Eintreten für die

- Unterstützung der Lebensrechte des israelischen Volkes;
- Unterstützung des transatlantischen Bündnisses;
- Solidarität in der freiheitlichen Wertegemeinschaft mit den Vereinigten Staaten von Amerika.

Die Springer-Witwe gründete vor Kurzem die dritte Stiftung: neben den bereits existierenden – der Axel-Springer-Stiftung und der Herz-Stiftung – gibt es nun noch die Friede-Springer-Stiftung mit einem Startkapital von 80 Millionen Euro.[227] Mit diesem neuen Steuerspar- und Einflussvehikel wird weiter an der Agenda des Transatlantizismus gearbeitet.

Der verstorbene Ernst Cramer (1913–2010) sowie auch der jetzige Vorstandvorsitzende der Axel-Springer-Verlag AG Matthias Döpfner waren bzw. sind häufige Gäste bei Aspen, der Atlantik-Brücke oder beim American Council on Germany. Dr. Mathias Döpfner sitzt dagegen im Kuratorium des Aspen-Instituts.[228] Er kaufte Friede Springer 2006 für 52 Millionen Euro 680.000 Aktienpapiere (das entsprach 2 % der Aktien) der Springer AG zum Vorzugspreis ab und ist somit nun Mitbesitzer des Medienkonzerns.[229] »Bild«-Chefredakteur Kai Diekmann wiederum ist Vorstandsmitglied der Atlantik-Brücke.[230] In deren Auftrag geleitete er im März 2010 ältere amerikanische Hochschullehrer in Berlin über die Straße und erklärte Young Leaders, wo Deutschland liegt: da, wo »Bild« ist. *»Nachfolgend gab es ein Treffen mit Kai Diekmann, dem BILD- und Bild am Sonntag-Chefredakteur; er lieferte Einblicke in die Philosophie des Zeitungmachens und die Perspektive der deutschen politischen Berichterstattung.«*[231]

Im Fall Guttenberg heißt dies, dass ihm die vereinte Macht des Medienkonzerns zur Verfügung stand. Dieser Mann wird uns erhalten bleiben, er ist schließlich ein Young Leader. Oder mit den Worten von Michel Friedmann in der oben genannten Illner-Sendung: *»Solange diese Gruppe ihn hält, braucht er nichts zu befürchten.«* Der beste Beweis dafür ist Friedmann selbst ...

Aber hat »die Gruppe« ihn am Ende nicht doch fallen lassen? Nein, sie hat ihn nur vorübergehend aus der Schusslinie genommen. Mit seinem Rücktritt soll offenbar Ruhe einkehren und vor allem auch Schaden von der CSU abgewendet werden, denn die Plagiatsaffäre erweist sich immer mehr auch als eine CSU-Affäre. Eine Flut von Anzeigen ist bereits bei der Staatsanwaltschaft Hof eingegangen. Die Ermittlungen laufen.

Elitenetzwerke und Demokratie

Guttenberg charakterisierte die Atlantik-Brücke und das Aspen-Institut treffend als »Gremien« mit »*bewusst begrenzter Mitgliederzahl*« und als »*durch viele Jahrzehnte verantwortungsvoller Arbeit gewebte Netzwerke*«.[232] Dass sie, zumal als »*außenpolitische Führungsgremien*«, nicht demokratisch bestellt und ihre Treffen keiner demokratischen Kontrolle unterliegen, haben wir schon problematisiert.

In demokratischen Rechtsstaaten ist es aber, zumindest der Theorie nach, so, dass Entscheidungen bzw. Entscheidungsfindungsprozesse einer bestimmten öffentlichen Kontrolle und Nachvollziehbarkeit unterworfen sein müssen. Voraussetzung dafür ist Transparenz. Allein Transparenz sichert ein möglichst korrektes Abbild der Wirklichkeit, also z. B. von Entscheidungsfindungen für den öffentlichen Diskurs. Letzterer macht eine Gesellschaft überhaupt erst demokratiefähig. Transparenz ist also eine Grundvoraussetzung für den Bürger, seine demokratischen Rechte wirksam wahrnehmen zu können. Das ist in einer Demokratie unverzichtbares Herzstück der demokratischen Willensbildung. Sind diese Voraussetzungen nicht gegeben, herrscht also bei Entscheidungen Intransparenz und sind sie dem öffentlichen Diskurs entzogen, wird die Demokratie ihrer Grundlage beraubt. Es ist mit den Bedürfnissen der Demokratie nicht vereinbar, dass Elitenetzwerke keinerlei Platz in der öffentlichen Wahrnehmung haben. Dies hängt, wie gezeigt, damit zusammen, dass führende Medienverantwortliche Mitglieder dieser Zirkel sind und offensichtlich keinerlei Interesse am Bekanntwerden ihres Wirkens haben; damit ist der Teufelskreis perfekt.

Die transatlantischen Einflussgremien mit ihren intransparenten Entscheidungszirkeln untergraben nachhaltig die Basis der Demokratie, nicht nur in Deutschland. Nur undemokratische Entscheidungen brauchen öffentlichkeitsscheue Netzwerke. Eine Erste-Hilfe-Maßnahme muss somit sein, diesen Netzwerken umgehend sämtliche öffentliche Förderung aus Steuergeldern zu streichen.

Und es wird in Zukunft nötig sein, alternative Netzwerkmodelle zu entwickeln, die demokratischen Anforderungen genügen und Transparenz zulassen. Ein erster Schritt wäre es allein schon, die Ergebnisse von Strategieforen, Konferenzen und Diskussionen in Kommuniqués öffentlich zu machen und diese auch konsequent bei transatlantischen Netzwerken abzufragen bzw. einzufordern. Denn wir dürfen davon ausgehen, dass Netzwerkeknüpfen eine menschliche Grundeigenschaft ist. Es wäre also sinnlos, sie per se zu verdammen. Das Vorhandensein von Eliten ist zunächst einfach ein Faktum, egal ob man sie als Funktions-, Leistungs- oder Machtelite bezeichnet.

Wir haben im Zuge dieser Abhandlung gesehen, dass ein Großteil der politischen Elite in Deutschland Teil der transatlantischen Netzwerke ist. Desweiteren wurde anhand von Beispielen aufgezeigt, dass die Elitenetzwerke bestimmten Interessen dienen, welche mit dem Wohl Deutschlands wenig zu tun haben. Sie stehen vielmehr im Dienst von US-Eliten und der Pax Americana und gehorchen deren Interessen.

Agenda und Ziele werden maßgeblich von den »Old Leaders« formuliert, die an der Spitze der Hierarchie der Netzwerke stehen, z. B. Henry Kissinger als einer der »Elders«, er ist in multiplen Netzwerken »Supremo«. Die transatlantischen Netzwerke fördern seit Ende des Zweiten Weltkriegs systematisch Eliten in Deutschland, die sich ihren Interessen unterordnen und leicht lenken lassen. Bestimmte charakterliche Eigenschaften mögen zu den Auswahlkriterien gehören.

Aufgrund der Tatsache, dass die Bundesregierung sowie deren Umfeld eine hohe Konzentration an Young Leaders und Sympathisanten aufweist (Merkel, Westerwelle, Guttenberg, de Maizière u. a.), liegt es nahe zu schlussfolgern, dass es in Deutschland so gut wie keine autochthonen Eliten mehr gibt, die primär die Interessen Deutschlands und das Wohlergehen dieses Landes im Auge hätten.

Die transatlantischen Netzwerke fördern seit Ende des Zweiten Weltkriegs »Eliten« in Deutschland, die sich ihren Interessen unterordnen, relativ leicht zu lenken sind und bestimmte charakterliche Eigenschaften aufweisen, die das bedingen, wie ein wenig ausgeprägter Selbstwert, Minderwertigkeitsgefühle bei gleichzeitigem Geltungsdrang und/oder ein problematisches Vorleben, was durch einen neuen, synthetischen, transatlantischen Selbstwert mit Ordenverleihungen, Medaillenkult, betulichen Festivitäten und Beweihräucherungen der Zöglinge vordergründig geheilt und damit Loyalität aufgebaut wird.

Es ist an der Zeit, sich aktiv mit dem Thema Elitenbildung in Deutschland auseinanderzusetzen und gleichzeitig zu versuchen, die Frage zu beantworten, *»warum so viel wirklich Kluges über die Anatomie unserer Misere schon gesagt worden ist, sich aber dennoch keine konzentrierte Gegenkraft gegen die gewollte Verwahrlosung unserer Politik, Wirtschaft, Kultur, und darauf folgend: des menschlichen Miteinanders bildet. Obwohl die überwältigende Mehrheit der Bevölkerung weder den Neoliberalismus/Marktradikalismus noch die enge Zusammenschweißung mit der hochriskanten Politik der Vereinigten Staaten von Amerika wünscht, gelingt es einer kleinen radikalen Minderheit, genau diese verheerenden Weichenstellungen durchzusetzen.«*[233]

Die transatlantischen Netzwerke wurden hier als verlängerter Arm tonangebender Kreise innerhalb der US-Eliten entlarvt, als Fortsetzung der neokonservativen bzw. neoliberalen Politik mit besonderen Mitteln. Geheimdienste mischten in nicht unerheblichem Umfang mit. Wir sollten nicht länger wegschauen, wenn Netzwerke der beschriebenen »Bauart« bei Parteien, in der Industrie, an Universitäten, beim Militär und in den Medien geeignete Eliteanwärter »abfischen« und sie ihren Trainingsprogrammen (Stipendien, Schulungen, Förderungen) unterziehen.

Eine große Anzahl Menschen fragt sich, warum so vieles schief läuft und in immer mehr Bereichen so gar nicht dem Wohle des Landes dient. Für diejenigen, die besonders besorgt und auch bemüht sind, etwas zu ändern, potenzielle alternative Eliten also, hält unser System eine schöne Beschäftigung bereit: die Parteigründung. Parteigründer bringen viel Idealismus ein, übersehen aber in der Regel, dass sie nicht über ausreichend gefestigte Netzwerke und entsprechende finanzielle Ressourcen verfügen, um in Konkurrenz zu den bestehenden, üppig ausgestatteten Netzwerken treten zu können. Und doch sind diese nicht alternativlos. Erinnern wir uns an den bemerkenswerten Prototyp, an die Keimzelle eines Elitenetzwerkes: den Alkoven Nr. 1, anfänglich eine überschaubare Anzahl junger Menschen. Die Alkoven-Mitglieder hatten etwas Entscheidendes gemeinsam: nicht eigentlich ihre politische Überzeugung; denn diese war zunächst der linke Trotzkismus, später jedoch der Neokonservativismus bzw. der Neoliberalismus. Das Durchtragende war vielmehr der gemeinsame Migrationshintergrund, verbunden mit einer tatkräftigen Selbstdefinition als Elite, und der unbedingte Wille, nach oben zu kommen und die Gesellschaft zu verändern. Natürlich kamen dazu auch bestimmte Fähigkeiten, z. B. Sprachkenntnisse, Eloquenz, Fleiß und unermüdliche Rührigkeit bis Umtriebigkeit.

Eine Welle von Gründungen von Studiengruppen, Denktanks, Zeitschriften, Stiftungen usw. vermittelte den Eindruck von Mehrheit und Überlegenheit. In der Realität war und ist es dagegen so, dass wir, wenn wir die Mitgliederlisten der schier unüberschaubaren Zahl von Initiativen durchgehen, immer wieder auf den gleichen »harten Kern« von Personen stoßen. Hinzu kommt ein konsequentes gegenseitiges Zitieren, Hin- und Verweisen, Vernetzen wie auch Kritisieren, letztendlich aber Zusammenhalten und Protegieren.

Damit folgten die Netzwerke den Prinzipien des Neoliberalismus, die Finanzmärkte systematisch aufzublähen, indem sich Banken wieder und wieder gegenseitig Geld liehen und untereinander bizarre Finanzprodukte (leer-)verkauften. Sie wandten somit ein sehr einfaches und altes Prinzip der Kriegslist und Täuschung an: Es wurden schon Schlachten gewonnen, indem man stets die gleichen Soldaten um einen Berg laufen ließ, was dem Gegner aus der Entfernung wie ein unüberwindliches, überlegenes Heer erschien.

Leider wollen viele, die potenziell dazu befähigt wären, eine alternative Elite zu bilden, schon von vornherein die Flinte ins Korn werfen, weil sie eine vermeintliche Übermacht, ja ein Heer von Netzwerken, Denktanks und Lobbygruppen zu erblicken glauben; dabei sehen sie in Wirklichkeit nur einige Dutzend Transatlantizisten um einen Berg rennen.

Zwar gibt es in der Tat Heere von Wiederkäuern à la Guttenberg, die jede Losung der Transatlantiker getreulich weiterverbreiten, aber nur wenige »Supremos« wie Kissinger und Brzezinski, die überhaupt in der Lage sind, so etwas wie PNAC, also Agenden und strategische Konzepte, auszubrüten.

Daher sollten sich potenzielle alternative Eliten schleunigst an das griffige Denken und Ausformulieren sinnvoller Konzepte begeben und sich nachfolgend unermüdlich gegenseitig zitieren, verlinken, vernetzen. Auch auf Denkfabriken, Akademien und Stiftungen gibt es kein Monopol. Letztere sind gleichzeitig auch noch als Krisensicherung interessant. Dabei müssen die Dinge konsequent im Grundsätzlichen gehalten und der gemeinsame Nenner immer wieder ins Gedächtnis gerufen werden.

Wir sind heute im öffentlichen und sozialen Leben ganz darauf konditioniert, dass es bei allen Aktivitäten immer einen »Großen Vorsitzenden«, Geschäftsführer, Generalsekretär o. Ä. zu geben habe. Ganz anders verhielten sich die Alkoven-Mitglieder: In der öffentlichen Wahrnehmung wurden sie zunächst gar nicht miteinander in Verbindung gebracht. Erst als sie in unangreifbaren Machtpositionen saßen, outeten sie sich z. B. mit PNAC auch namentlich und gaben ihre Ziele preis. Und die Alkoven-Mitglieder gründeten keine Partei, sie nutzten eine: die US-Republikaner.

Zwei Glücksfälle, aus den zeitgeschichtlichen Umständen heraus begründet, verhalfen entscheidend beim Aufstieg des späteren Neocon-Elitenetzwerks: Nach dem Zweiten Weltkrieg machte sich die vormals links-trotzkistische Gruppe durch ihre Sprachkenntnisse, ihre Bildung und ungeheure intellektuelle Wendigkeit in Deutschland wie auch in anderen europäischen Ländern unentbehrlich: Ohne ihre aktive Mithilfe wäre es der US-Regierung niemals gelungen, die alten deutschen Eliten umzufunktionieren und neue Eliten mit neuen Loyalitäten zu schaffen.

Der zweite Glücksfall waren natürlich die Geldströme, welche die Notwendigkeiten der US-Außenpolitik zum Fließen brachten. Dies war eine historisch einmalig Konstellation, die sich so leicht nicht wiederholen wird. Es ist nicht jedem vergönnt, von der Wallstreet gesponsert zu werden. Umso wichtiger ist es, die verbliebenen Mittel effizient zu nutzen.

Die Rolle der Collaborators[234]

Der bereits erwähnte kanadische Soziologe James Petras, der sich viel mit den Strukturen auseinandergesetzt hat, die Imperien im Innern zusammenhalten, schreibt in einem Essay vom 1.2.2011: »*Imperiale Staaten bilden Netzwerke, welche wirtschaftliche, militärische und politische Aktivitäten zu einem kohärenten, sich gegenseitig verstärkenden System verbinden.*«[235]

»Empire-Building« sei ein Prozess der Penetration eines Landes oder einer Region. Petras weist auf die zentrale Rolle der »Collaborators« für den Bau von Herrschaftsnetzwerken hin: »*Die Geschichte hat gezeigt, dass die geringsten Kosten bei der Aufrechterhaltung von langfristiger, umfassend angelegter imperialer Herrschaft (›Imperial Domination‹) durch die Förderung von lokalen Collaborators entstehen, egal ob in der Form von politischen, wirtschaftlichen und/oder militärischen Führern, welche von den Klientel-Regimes aus operieren. Die Ausbildung kollaborierender Herrscher oder Klassen entsteht aus diversen kurz- und langfristigen politischen Maßnahmen, angefangen bei direkten, militärischen, den Wahlkampf betreffenden und außerparlamentarischen Aktivitäten bis hin zu mittel- bis langfristigen Rekrutierungen, Training und Ausrichtung von vielversprechenden, jungen Führern über Propaganda und Erziehungsprogramme, kulturell-finanzielle Anreize, Versprechen von politischer und wirtschaftlicher Unterstützung bei der Übernahme politischer Ämter und über erhebliche verdeckte finanzielle Unterstützung.*«[236] Petras hat das theoretisch-systematisch auf den Punkt gebracht, was bis hierher anhand der Aktivitäten verschiedener transatlantischer Netzwerke versucht wurde, praktisch zu illustrieren. Dabei ist es natürlich etwas ungewohnt, sich Deutschland auch einmal als »Klientelstaat«[237] zu denken.

Ein typisches Beispiel nach den Kriterien von James Petras liefert Ulrike Guèrot, Mitglied des durch den kriminellen[238] Währungsspekulanten und Multimilliardär George Soros und den ehemaligen Außenminister Joschka Fischer 2006 gegründeten »European Council on Foreign Relations« (ECFR).

Guèrot, seit 2007 Mitglied desselben, ist Chefin des Berlin-Büros und hat eine Stelle als »Senior Research Fellow« (wissenschaftliche Mitarbeiterin) inne. In dieser Funktion produziert sie fleißig Artikel zum Thema EU und transatlantische Beziehungen und wird von den Medien gerne als »Spezialistin« engagiert. Ihre Karriere gründet fest auf dem Transatlantizismus und wird mit einer Assistenzprofessur für Europäische Studien an der amerikanischen John-Hopkins-Universität abgerundet. Zwischen 2004 und 2007 erhielt sie ein transatlantisches Stipendium (Senior Transatlantic Fellow) beim German Marshall Fund, und davor leitete sie von 2000 bis 2003 die EU-Abteilung der DGAP in Berlin. Guèrot arbeitete auch als Beraterin des Auswärtigen Ausschusses des Deutschen Bundestags.

Nach der Stimmenthaltung der Deutschen am 18.3.2011 im UN-Sicherheitsrat bei der Abstimmung über die »Resolution 1973« zu Libyen brach in transatlantischen Kreisen ohrenbetäubendes Wutgeheul los. Dabei hatte Deutschland allen Grund, sich bei der bedenklichen Resolution zurückzuhalten, öffnet sie doch Tür und Tor für Interventionen auf der ganzen Welt. Einzige Voraussetzung: ein unliebsamer Herrscher und »Rebellen« (anderenorts »Terroristen« genannt), die ihn stürzen wollen. Interventionismus wird jedoch nicht durch das Völkerrecht gestützt, denn dieses garantiert die Rechte souveräner Staaten, und es stellt sich die Frage, ob der UNO-Sicherheitsrat noch auf dem Boden des Völkerrechts steht.

Libyen hatte keinen Staat bedroht, schon gar nicht Deutschland. Bis vorgestern machten die Staaten, die sich jetzt als Retter der Rebellen aufspielen, noch blühende Waffen- und Ölgeschäfte mit Gaddafi.

Das Aufkommen einer Opposition in dem ölreichen Wüstenstaat soll offensichtlich dazu genutzt werden, eine langjährige Forderung transatlantizistischer Kreise nach einer Neuordnung des Nahen Ostens mit »Regime Change« zu unterstützen. Die Bombardierungen unter der Führung der USA, Frankreichs und Großbritanniens zum angeblichen Schutz von Zivilisten bergen das Risiko eines weiteren Nahostkrieges. Der Einsatz von Bodentruppen erscheint als der nächste Schritt dieser Logik. Den deutschen Verantwortlichen, allen voran Außenminister Westerwelle, gebührt also eindeutig Lob, diesem gewaltigen Druck standgehalten und sich im Sicherheitsrat wenigstens der Stimme enthalten zu haben.

Das sehen die Collaborators ganz anders: Joschka Fischer jaulte in der »Süddeutschen Zeitung« auf, Deutschland können jetzt einen ständigen Sitz im UN-Sicherheitsrat *»in die Tonne treten«*[239]. Dieser Verzicht sollte leicht fallen, wenn er mit marionettenhaftem Abstimmungsverhalten, Bombardierungen und Blut erkauft werden muss. Und Ulrike Guèrot schaffte es in einem Meinungsstück für den ECFR gar, eine verbale Stinkbombe gegen die ausgewiesene Transatlantikerin Angela Merkel zu werfen: »Germany in Europe: Angela's walk of shame«[240] (»Angelas Pfad der Schande«; Anspielung auf Walk of Fame = ein Gehweg des Ruhms in Los Angeles, auf dem durch Sterne jeweils Hollywoodgrößen geehrt werden). *»Eine Schande. Eine Farce. Feige. Isolationistisch«*, so drohnte Guèrot *»Ein schwerer Schlag für Deutschlands transatlantische Beziehung.«* Guèrot erinnert an Schröders Entscheidung zum Irakkrieg, der ebenfalls vor Wahlen gestanden habe. Ruprecht Polenz, langjähriges Mitglied des Auswärtigen Ausschusses des Bundestages, nannte die Entscheidung ein skandalöses Signal.

Deutschland bekam die Leviten gelesen: *»Der französische Philosoph Bernard-Henri Lévy, der entscheidend zu Frankreichs führender Rolle im Libyen-Konflikt beitrug, hat das Verhalten der deutschen Regierung in dieser Krise scharf kritisiert [...] Die Bundesregierung werde die deutsche Enthaltung bei der entscheidenden Abstimmung im UN-Sicherheitsrat* *zum internationalen Eingreifen in Libyen ›noch bitter bezahlen‹. Die Regierung werde ›Probleme bekommen bei ihrem Streben nach einem ständigen Sitz im Weltsicherheitsrat‹.«*[241] Mit welcher Autorität spricht hier eigentlich der Philosoph in seiner Pöbelei gegen einen befreundeten Staat? Ein interessantes Outing!

Die Transatlantiker führen sich mittlerweile auf wie eine Horde antiautoritär erzogener Kinder, denen man jahrelang jede Flegelei hat durchgehen lassen. Damit sie nicht zu unseren neuen Tyrannen werden, wird es höchste Zeit, ihnen ein Stoppschild entgegenzuhalten.

Bei der Beschäftigung mit den Collaborators transatlantischer Netzwerke gewinnt man den Eindruck, dass sie nach bestimmten Gesichtspunkten erwählt wurden. Nachfolgend eine stichwortartige Gegenüberstellung der Charakteristika dieser Eliten im »Klientelstaat« Deutschland mit einem Elite-Gegenentwurf (als Diskussionsgrundlage):

Transatlantische Eliten	Eliten-Gegenentwurf
Fähigkeit sich an vorgegebene Strömungen, Meinungen und Tendenzen anzupassen und diese zu vertreten, williges Aufgreifen von Stichworten, Losungen, Erklärungsmustern	Fähigkeit, gegen den Strom zu schwimmen, sich eine eigene Meinung zu bilden. Hinterfragen bzw. Ablehnen von Schlagworten und Klischees
Kurzsichtigkeit: Fähigkeit, politische Vorgaben ad hoc umzusetzen und in deren Erfolg blind zu vertrauen, wenig Interesse an langfristigen Folgen	Weitsichtigkeit: Fähigkeit, Wirkungen von Handlungen und Entscheidungen auch auf längere Sicht abzuschätzen
willfährig, manipulierbar	charakterstark, standfest, integer
geistiges Mittelmaß	Klugheit

einseitige Förderung rhetorischer Fähigkeiten, Reden über die Welt, wenig Erfahrung in und mit der realen Welt	möglicherweise wenig ausgeprägte Rhetorik, Fähigkeiten in Bezug auf das reale Leben, Stehvermögen in einem Beruf, Erfahrung mit und in der Realität
Gefolgschaft, Hinnehmen von Führungsstrukturen	demokratisch erlangte Führung, die Transparenz gewährt und sich Kritik aussetzt, Ablehnung undurchsichtiger Hierarchien
Young Leaders werden aufgebaut, Positionen entsprechen nicht Fähigkeiten und Verdiensten, sondern Bedürfnissen der Netzwerke. Folge: Wirklichkeitsverlust, Selbstüberschätzung, Verlust der Bodenhaftung	Erarbeiten einer Position aufgrund eigener Anstrengung, Fähigkeiten und Verdiensten, Bodenhaftung
Oberflächlichkeit, fehlende Zusammenhänge	tiefergehendere Kenntnisse, Herstellung von Zusammenhängen
Hang zu Ritualen, Zeremonien, Preisverleihungen, Auszeichnungen zur Selbstvergewisserung, Personenkult	Ablehnung von Personen- und Preisverleihungskult

Die Werkzeuge der transatlantischen Netzwerke

Die Haupttätigkeitsfelder von Elitenetzwerken sind laut der interessanten Studie »Marktradikale Pressure Groups« von Hermann Ploppa folgende:

»Das eine ist die Sozialpolitik. Von Infas bis Allensbach sind alle Meinungsforscher in ihren Befragungen zu dem Ergebnis gelangt: die Mehrheit der Deutschen will eine soziale Demokratie. Aus Sozialismus und Kapitalismus sollen die Filetstücke entnommen und zu einem neuen Ganzen zusammengefügt werden. Die kleine mächtige Minderheit der Pressure Groups will aber eine marktradikale Gesellschaft mit so gut wie keinem Staat und freier Fahrt für den Verdrängungswettbewerb zum optimalen Reichtum – auf Kosten der Mehrheit. [...] das andere Gebiet umfaßt die deutsche Außenpolitik, oder auch: Bündnispolitik. Die Mehrheit der Deutschen möchte ein unabhängiges Europa, das sich von den ›Abenteuern‹ der USA fernhält, und mit allen Machtblöcken gut auskommt. Die reiche und mächtige Minderheit will jedoch die vollständige Anbindung und unwiderrufliche Verschweißung Europas mit den USA.«[242]

Die transatlantischen Elitenetzwerke haben zur Schwächung der Demokratie und der Nationalstaaten vier Hauptmethoden in ihrem Werkzeugkasten:

1. Medien: Ihre Vorstände gehören den besagten Netzwerken an und betreiben Meinungskampagnen im Sinne der in den Elitezirkeln beschlossenen Politik, statt den öffentlichen Diskurs zu fördern und ihre Rolle als vierte Säule der Demokratie, als Kontrollinstanz der drei anderen Gewalten, wahrzunehmen.

2. Banken/Finanzen: Die den Elitenetzwerken angehörenden Banken fördern eine Politik der Staatsverschuldung, die den Nationalstaaten ihren Handlungsspielraum nimmt.
3. Globalisierung/Einwanderung: Die Elitenetzwerke unterstützen über alle gesellschaftlichen Bereiche, in denen sie präsent sind (akademischer Sektor, Wirtschaft, Medien), Globalisierung und Immigration, um die Staaten ethnisch zunehmend zu destabilisieren und eine politische Willensbildung zu erschweren, u. a. auch durch die zunehmende Notwendigkeit der Beschäftigung mit innenpolitischen Problemen.
4. EU: Die Netzwerke betreiben eine Politik des zunehmenden Abbaus von Souveränitätsrechten. Die Politik der massiven Verschuldung der EU-Staaten ist eine aktive; sie ist Voraussetzung für das Abtreten weiterer Souveränitätsrechte an die EU (»gemeinsame Wirtschafts- und Finanzpolitik«) mit Endziel Zentralregierung in Brüssel.[243]

Elitenetzwerke kontrollieren Eliten und können so Krisen steuern. Die genannten vier Punkte sind gleichzeitig Krisenwerkzeuge. Nur Krisen schaffen die nötige Dynamik, welche die Ziele erreichbar macht, die auf der Agenda der Netzwerker stehen.

Der deutsche Mittelstand: Ressource für eine alternative Elitenbildung?

Wenn man in Deutschland um sich blickt, fällt einem spontan am ehesten der Mittelstand ein, dem man zutraut, ein intellektuelles und wirtschaftliches Potenzial für Elitebildung mitzubringen. Es gibt bereits gewisse Überlegungen hierzu, z. B. von Prof. Eberhard Hamer vom »Mittelstandsinstitut Hannover« in einem Artikel für »Zeit-Fragen« vom 23.2.2009:

»Lokalisiert ›man‹ die Fragestellung: Wo in der Welt wird wohl ein so starker kultureller Humus vorhanden sein, dass er allgemeingültige, für alle Menschen in der Welt tragfähige Lebensziele formulieren könnte, also die Menschen in der Welt einen nicht mehr materiellen Lebenssinn aufzeigen könnte? – Dann gibt es nach meiner Überzeugung dafür keinen hoffnungsvolleren Bevölkerungsteil als den zentraleuropäischen kulturellen Mittelstand, welcher immer schon eine Fülle von geistigen Traditionen, Ideenströmen, wissenschaftlichen und kulturellen Spitzenleistungen in sich vereinigte. Die Neuausrichtung auf eine Lebenssinnrichtung ist jedenfalls nötig, weil keine Generation ohne Lebensziel leben kann. Wer den Sinn seines Lebens nicht weiß, wird sich nicht anstrengen, wird passiv bleiben. Andererseits wird ein neuer Lebenssinn nicht durch Massen formuliert, sondern immer nur aus kleinen Elitezirkeln. Wir müssen also solche Elitezirkel des Mittelstandes mobilisieren, miteinander vernetzen und begeistern, das vorauszudenken, was der nächsten Generation wieder eine neue tragfähige Lebensplattform bieten kann. Wir werden also gemeinsam daran arbeiten, aber müssen auch mit allen, die in dieser Richtung arbeiten, Kontakte aufnehmen, zusammenkommen: uns vernetzen. Irgendeiner wird die zündende Idee haben, die wir dann alle aufgreifen können.«[244]

Es wäre eine gute Nachricht, wenn aus dem Mittelstand heraus neue Impulse kämen: Hat er sich doch bisher ebenfalls an den USA ausgerichtet, dem Neoliberalismus gehuldigt und das angelsächsische Wirtschaftsmodell in den Business Schools kopiert.

Auch der bereits erwähnte Erlanger Staatsrechtler Prof. Karl Albrecht Schachtschneider, einer der Kläger gegen den EU-Verfassungsvertrag von Lissabon und aktuell gegen den Euro-Rettungsschirm, mahnt einen Wandel bei der Auswahl von Eliten an. Unter der Überschrift »Republikwidriger Parteienstaat« schreibt er:

»Der Parteienstaat lässt der Bürgerlichkeit der Bürger wenige Chancen. Der Parteienstaat ist die Verfallserscheinung der Republik. Dieser verfällt wieder einem Prinzip, das dem monarchischen Prinzip entspricht, dem Parteienprinzip. Die Parteien haben die Macht im Staat. Wer sie steuert, kann man sich vorstellen. Das ist nicht öffentlich. Wie der Rettungsschirm für den Euro in diesem Frühjahr etabliert wurde, gibt zu denken. Das soll vom Präsidenten der Vereinigten Staaten mit Hilfe des französischen Präsidenten im Interesse der Hochfinanz durchgesetzt worden sein. Niemand wird dem Irrtum verfallen, dass die Bundeskanzlerin Angela Merkel derartige Entscheidungen wesentlich zu beeinflussen vermag. Sie hat weder die Befähigung noch hat Deutschland die Macht dazu. Sie gibt ihr Gesicht.

Die Parteien sind an die Stelle der Aristokratie getreten, freilich bewirken sie eine Negativ-Auslese des politischen Personals. In einem alternden Parteienstaat setzen sich die bis in höchste Ämter hinein durch, die sich am besten den parteilichen Aufstiegsanforderungen anpassen, die Opportunisten, wie in jedem Herrschaftssystem. Das führt, gemessen am aristokratischen Prinzip der Republik, nicht gerade zu einer positiven Auslese. Die Besten sollen das Volk in den Staatsorganen vertreten, vor allem die charakterlich Besten, die die Sittlichkeit der Politik gewährleisten. Zur Republik gehört das Prinzip der Bestenauslese, wie Art. 33 Abs. 2 GG erweist. Das gilt auch für das Parlament. Aber die Politiker rühmen sich ihrer Durchschnittlichkeit. Wir bräuchten nicht nur neue politische Kräfte, meinetwegen neue Parteien, sondern vor allem ein gänzlich anderes Parteienrecht, damit andere Kräfte zum Zuge kommen, die eine andere Auslese ermöglichen. Führung und Gefolgschaft dürfen nicht länger die Strukturprinzipien der Organisationen sein, welche die Politik der Republik dominieren. Vielmehr muss der allgemeine Diskurs der Bürger um die richtigen Gesetze gestaltet werden. Das ist bisher noch nicht ernsthaft versucht worden. Die Aufgabe der Parteien nach Art. 21 Abs. 1 GG ist es, ›bei der politischen Willensbildung des Volkes mitzuwirken‹, nicht das Volk von der Politik auszuschließen. Die Parteien sollen die Besten zur Wahl vorschlagen, nicht die Besten an ihrer bürgerlichen Pflicht zur Politik hindern. Aber die Ausleseverfahren haben völlig versagt; denn die Parteien schlagen nur ihre eigenen Mitglieder vor, also sich selbst. Es ist unanständig, sich selbst für ein Amt zu bewerben.«[245]

Die basisdemokratische Macht des Internets

Die Internetplattform »Guttenplag Wikia« hat vermutlich einen neuen Weg gewiesen und praktiziert, wie theoretisch (fast) jeder Bürger sich in Zukunft, d. h. schon morgen, an der Aufdeckung von Korruption, Betrug, Plagiaten etc. beteiligen kann. Der Prototyp steht. Die Plattform war bzw. ist jedem offen, wird aber auch jederzeit von allen kontrolliert. Eine durch und durch demokratische und transparente Einrichtung, nachgerade das völlige Gegenstück zu den beschriebenen Elitenetzwerken, die von niemandem kontrolliert werden können.

Der Erfolg binnen weniger als zwei Wochen straft die Mär von der angeblichen Machtlosigkeit des Einzelnen Lügen. Er zeigt auch, wie die geballte Finanzmacht eines Medienkonzerns, der nach Jahren der Hofberichterstattung eine Kampagne noch nie da gewesenen Ausmaßes pro Guttenberg vom Stapel ließ, letztlich ins Leere lief.

Für die Einrichtung der Guttenplag-Seite waren dagegen kaum nennenswerte finanzielle Mittel nötig. Hätte es in den 1980er-Jahren schon die heutigen Mittel des Internets und der Informationsvernetzung gegeben, wäre die deutsche Geschichte vielleicht anders verlaufen. Die »verschollene« Doktorarbeit eines Politikers wäre aufgespürt und einer Analyse unterzogen worden. Damals jedoch nahm man solches noch eher klaglos hin oder schmunzelte sogar darüber. Heute ist das anders. Das Bewusstsein hat sich verändert.

Mit dem Internet haben Bürger heute ein Werkzeug in Händen, mit dem sie eine mächtige, völlig legale Öffentlichkeit herstellen können – im Gegensatz zur Öffentlichkeit der mächtigen Medienkonzerne, deren Legitimität einzig in ihrer Finanzmacht begründet liegt. Wir sehen, wie eine Ära zu Ende geht, das Meinungsmonopol gestürzt wird. Eine echte, demokratische Informationsgesellschaft scheint möglich. Umso wachsamer müssen wir sein, wenn den Bürgern dieses Werkzeug wieder genommen werden soll:

Neuer Innenminister ist Hans-Peter Friedrich, ein Verfechter der verdachtslosen, vom Bundesverfassungsgericht untersagten Vorratsdatenspeicherung und der Internetsperren (statt Löschung illegaler Webinhalte)!

Und der neue Verteidigungsminister Thomas de Maizière? Er durchlief die Junge-Führer-Schulung bei der Atlantik-Brücke 1989 und wird seitdem immer wieder bei entsprechenden Veranstaltungen gesehen ... Das bürgt für Kontinuität. Einen Unterschied wird es bei ihm vorläufig allenfalls im Hinblick auf die Geschwindigkeit geben, mit der die transatlantische Agenda umgesetzt wird.

Anmerkungen

[1] www.zeitgeist-online.de/exklusivonline/dossiers-und-analysen/230-das-guttenberg-dossier-teil-1.html

[2] Ebenda, Teil 2 erschien unter www.zeitgeist-online.de/exklusivonline/dossiers-und-analysen/632-das-guttenberg-dossier-teil-2.html

[3] Näheres dazu unter www.editor.zeitgeist-online.de/2009/02/12/verwirrspiel-um-neuen-wirtschaftsminster

[4] www.spiegel.de/spiegel/print/d-64497206.html

[5] www.bild.de/politik/2010/praesident/bruder-verteidigungsminister-und-praesident-aller-waldbesitzer-12242462.bild.html

[6] http://wapedia.mobi/de/Rh%C3%B6n-Klinikum, Zugriff am 29.5.2011

[7] www.focus.de/politik/deutschland/portraet-das-geheimnis-des-schwarzen-barons_aid_382731.html

[8] www.wiwo.de/unternehmen-maerkte/hvb-stockt-rhoen-klinikum-anteil-auf-320494

[9] http://allpr.de/14820/HVB-Group-platziert-erfolgreich-Aktienpaket-an-Rhoen-Klinikum-AG.html

[10] www.wallstreet-online.de/diskussion/987421-1-10/hypovereinsbank-verkauft-rhoen-klinikum-aktienpaket

[11] www.premiumpresse.de/verdi-requiem-mit-enoch-zu-guttenberg-im-dom-zu-speyer-PR128670.html

[12] www.finanzen.net/aktien/RHOeN-KLINIKUM-Aktie

[13] www.zuguttenberg.de, Zugriff am 24.2.2009

[14] www.bundestag.de/ausschuesse/a03/index.html, Zugriff am 24.2.2009

[15] www.dgap.org/dgap/mitgliedschaft-in-der-dgap, Zugriff am 28.5.2011

[16] Nicht zu verwechseln mit dem »European Council on Foreign Relations«, einer transatlantischen Neugründung, zu deren Ratsmitgliedern u. a. Joschka Fischer gehört und der von George Soros finanziert wird.

[17] Vgl. Godfrey Hodgson: Woodrow Wilsons‹s Right Hand. The Life of Colonel Edward M. House. Yale University Press, New Haven/Connecticut 2006

[18] www.cfr.org/about/history/cfr/x_leads.html, Zugriff am 28.5.2011

[19] Vertrauliche Bilderberger-Konferenzen finden seit 1954 jährlich statt. Sie sind Elitetreffen einflussreicher Persönlichkeiten aus Politik, Wirtschaft, Hochadel, Medien, der Wissenschaft und dem Bankensektor. Namensgeber ist das Bilderberg Hotel, in dem die erste Konferenz stattfand. Vgl. auch deren offizielle Seite: www.bilderbergmeetings.org/participants_2010.html

[20] www.dgap.org/dgap/mitgliedschaft-in-der-dgap, Zugriff am 28.5.2011

[21] www.ynetnews.com/articles/0,7340,L-3340750,00.html

[22] www.hudson.org, Zugriff am 28.5.2011

[23] Neocons: Neokonservative

[24] Ebenda.

[25] Trilaterale Kommission: Elitegremium, 1973 auf Initiative von David Rockefeller gegründet. Die private Organisation hat ca. 300 Mitglieder aus den USA, Europa und Japan; ging aus der Bilderberg-Gruppe hervor, offizielle Webseite: www.trilateral.org

[26] Council of the Americas: 1965 von David Rockefeller gegründetes Elitegremium. Ziel: Verbreitung neoliberaler Ideen, Aufhebung aller Handelsbeschränkungen auf dem nord- und südamerikanischen Kontinent, offizielle Webseite: http://coa.counciloftheamericas.org

[27] Jordan Maxwell: Matrix of Power. How the World Has Been Controlled by Powerful Men Without your Knowledge. Book Tree, San Diego/USA 2000, S. 16

[28] www.carnegiehall.org/berlininlights/events/eventDetail.aspx?evt=10070, Zugriff am 28.5.2011

[29] www.tagesspiegel.de/politik/guttenberg-soll-auch-seinen-lebenslauf-geschoent-haben/3864386.html

[30] www.americanacademy.de/home/about-us/holbrooke-memorial, Zugriff am 28.5.2011

[31] Ebenda.

[32] http://thecable.foreignpolicy.com/posts/2010/07/29/holbrooke_i_helped_write_the_pentagon_papers

[33] Ursprünglich hießen die Papiere »United States – Vietnam Relations, 1945–1967: A Study Prepared by the Department of Defense«.

[34] www.voltairenet.org/article166542.html

[35] www.bild.de/BILD/unterhaltung/leute/2010/02/07/sicherheitskonferenz-party/kuesschen-geben-kissinger-hoeren.html

[36] Filmdokumentation „The Trials of Henry Kissinger“ von Alex Gibney und Eugene Jarecki (Frankreich 2002), zu sehen unter http://video.google.com/videoplay?docid=-2815881561030958784 (als ganzer Film auf Englisch) sowie unter www.youtube.com/watch?v=fK8OcUnvMZA (in vier Teilen auf Deutsch).

[37] www.bild.de/BILD/unterhaltung/leute/2010/02/07/sicherheitskonferenz-party/kuesschen-geben-kissinger-hoeren.html

[38] Auf Deutsch erschienen als »Die Akte Kissinger« (DVA, Stuttgart 2001)

[39] http://books.guardian.co.uk/digestedread/story/0,6550,507485,00.html

[40] Seymour M. Hersh: The Price of Power: Kissinger and the Nixon White House. Simon & Schuster, New York 1984, zitiert nach Wikipedia: http://de.wikipedia.org/wiki/Seymour_Hersh

[41] Das East Timor Action Network, die International Campaign against Impunity und das Instituto Cono Sur betreiben seit 2002 das Projekt »Kissinger Watch«, das Informationen über die Strafverfolgung Kissingers publiziert; vgl. auch www.icai-online.org/45365,45370.html

[42] www.acgusa.org/about2.php?pagename=Policy+Programs&subpagename=New+York+Programming, Zugriff am 28.5.2011

[43] Das englische »Programming« bedeutet im Deutschen sowohl Programm als auch Programmierung.

[44] www.bz-berlin.de/archiv/zu-guttenberg-traf-in-new-york-finanz-genie-george-soros-article399103.html

[45] www.acgusa.org/ploicyprograms.html, Zugriff am 28.5.2011

[46] Hedgefonds: hochspekulative Finanzprodukte

[47] www.acgusa.org/about2.php?pagename=Young+Leaders+Programs&subpagename=American-German+Young+Leaders+Conference, Zugriff am 24.2.2009

[48] Ebenda.

[49] Werner Biermann/Arno Klönne: Globale Spiele. Imperialismus heute – Das letzte Stadium des Kapitalismus? PapyRossa-Verlag, Köln 2001, zitiert nach Wikipedia: http://de.wikipedia.org/wiki/Henry_Kissinger#cite_note-BK-2001-5

[50] www.acgusa.org/review/picture/upload/ACGnews1_2005%281%29.pdf, S. 1, Zugriff am 28.5.2011

[51] www.acgusa.org/userfiles/ACGNewsletter2009Volume1.pdf, S. 5, Zugriff am 28.5.2011

[52] http://de.wikipedia.org/wiki/Bundestagswahlkreis_Kulmbach, Zugriff am 28.5.2011

[53] www.welt.de/print-welt/article369532/Protzner_laesst_nach_Vorwuerfen_CSU_Kreisvorsitz_ruhen.html

[54] www.kanal8.de/default.aspx?ID=1774&showNews=539707&showArchiv=1&aktMonat=4&aktJahr=2002&aktWoche=2

[55] www.acgusa.org/about2.php?pagename=Publications&subpagename=List+of+Occasional+Papers, Zugriff am 28.5.2011

[56] www.achgut.com/dadgdx/index.php/dadgd/print/00393

[57] www.uni-bayreuth.de/studierende/career-service/career-service-protzner/index.html, Zugriff am 28.5.2011

[58] Die im Folgenden präsentierten Informationen sind weitgehend öffentlich zugänglich und durch eingehende Recherche der Internetpräsenz der Atlantik-Brücke und ihrer Publikationen zu gewinnen. Daneben gibt es jedoch einen unzugänglichen Bereich, der nicht für die Öffentlichkeit bestimmt ist und nur über ein Mitglieder-Login einsehbar ist.

[59] www.zuguttenberg.de/news_158.htm, Zugriff am 24.2.2009; wurde zwischenzeitlich gelöscht

[60] www.atlantik-bruecke.org/programme/young-leaders-programm, Zugriff am 28.5.2011

[61] www.atlantik-bruecke.org/ueber-uns/gremien, Zugriff am 27.03.2011

[62] https://www.atlantik-bruecke.org/w/files/dokumente/yl-history-2011.pdf, S. 2, Zugriff am 28.5.2011

[63] www.manager-magazin.de/magazin/artikel/0,2828,240981,00.html

[64] https://www.atlantik-bruecke.org/w/files/dokumente/yl-history-2011.pdf, S. 1, Zugriff am 28.5.2011

[65] www.atlantik-bruecke.org/ueber-uns/, Zugriff am 28.5.2011

[66] Max Warburgs Tochter Marie ist mit dem »Cicero«-Chefredakteur, Ex-»Zeit«-Herausgeber, ehemaligen Hamburger SPD-Bürgermeisterkandidaten und langjährigen Brücke-Mitglied Michael Naumann verheiratet.

67 www.berlinonline.de/berliner-zeitung/archiv/.bin/dump.fcgi/2002/0417/politik/0031/index.html

68 Henry Morgenthau jr.: Germany is Our Problem. A Plan for Germany. Harper & Brothers. New York 1945, frei zu lesen unter www.archive.org/details/GermanyIsOurProblem

69 Dominik Geppert/Udo Wengst (Hrsg.): Neutralität – Chance oder Chimäre? Konzepte des Dritten Weges für Deutschland und die Welt 1945–1990. Oldenbourg Wissenschaftsverlag, München 2005, S. 47, auszugsweise zu lesen auf Google-Books

70 www.berlinonline.de/berliner-zeitung/archiv/.bin/dump.fcgi/2002/0417/politik/0031/index.html

71 Leisler Kiep wurde 2004 nach der CDU Spendenaffäre wegen Falschaussage zu 40.500 Euro Geldstrafe verurteilt.

72 Biedenkopf ist überdies Mitglied im Kuratorium der Privatuniversität »Hertie School of Governance« (vgl. Seite 85).

73 www.spiegel.de/politik/deutschland/0,1518,234901,00.html

74 https://www.atlantik-bruecke.org/w/files/dokumente/jb-0910-final.pdf, S. 51, Zugriff am 28.5.2011

75 »New York Times«, 9.2.1985, zitiert nach Wikipedia: http://de.wikipedia.org/wiki/Vernon_A._Walters, Zugriff am 28.5.2011

76 Vgl. Daniele Ganser: Nato-Geheimarmeen in Europa: Inszenierter Terror und verdeckte Kriegsführung. Orell Füssli, Zürich 2009

77 Deutsche Übersetzung: Gladio: Der geheime US-Krieg zur Unterminierung der italienischen Demokratie, siehe: www.mega.nu:8080/ampp/gladio.html

78 http://de.wikipedia.org/wiki/Strategie_der_Spannung_%28Italien%29, Zugriff am 28.5.2011

79 http://wissen.spiegel.de/wissen/image/show.html?did=39997525&aref=image035/E0514/ROSP200501500480050.PDF&thumb=false, S. 50

80 https://www.atlantik-bruecke.org/programme/konferenzen-und-expertengespraeche/expertengespraeche-mit-dem-us-european-command, Zugriff am 28.5.2011

81 Letzte Preisträgerin war Liz Mohn, Bertelsmann-Stiftung (2008)

[82] www.atlantik-bruecke.org/owx_medien/media2/268.pdf, Zugriff am 24.2.2009

[83] Ebenda.

[84] Vgl. James Bacque: Der geplante Tod: Deutsche Kriegsgefangene in amerikanischen und französischen Lagern 1945-1946. Ullstein, Berlin 1993

[85] Chief Executive Officer (CEO) ist im US-amerikanischen Raum die Bezeichnung für das geschäftsführende Vorstandsmitglied, den Vorstandsvorsitzenden bzw. Generaldirektor oder einfach den allein zeichnungsberechtigten Geschäftsführer eines Unternehmens (vgl. http://de.wikipedia.org/wiki/Chief_Executive_Officer).

[86] www.ebs.edu/index.php?id=853&tx_ttnews%5BbackPid%5D=286&tx_ttnews%5Btt_news%5D=464&cHash=CC4641237338456, Zugriff am 28.5.2011

[87] www.spiegel.de/unispiegel/studium/0,1518,751456,00.html

[88] www.spiegel.de/unispiegel/studium/0,1518,759101,00.html

[89] www.spiegel.de/unispiegel/studium/0,1518,755002,00.html

[90] www.law-school.de/zeit-stiftung.html?&L=0, Zugriff am 28.5.2011

[91] www.law-school.de/foerderung.html?&L=0, Zugriff am 28.5.2011

[92] http://de.wikipedia.org/wiki/Atlantik-Br%C3%BCcke, Zugriff am 28.5.2011

[93] Austeritätsprogramm: rigides neoliberales Sparprogramm

[94] Wolfgang Clement/Friedrich Merz: Was zu tun ist – Deutschland 2.0. Herder Verlag, Freiburg 2010

[95] Für die im Folgenden übersetzten »Cables« wird die exakte Quelle hier nicht abgedruckt, da Wikileaks aufgrund der gegen die Whistleblower-Plattform geführten Attacken permanent den Internetserver wechseln muss.

[96] www.spiegel.de/spiegel/print/d-75376489.html

[97] Wikileaks Cable Reference ID #10BERLIN157

[98] Wikileaks Cable Reference ID #10BERLIN164

[99] Wikileaks Cable Reference ID #10BERLIN164

[100] Wikileaks, Cable Reference ID #09BERLIN1360

[101] Wikileaks, Cable Reference ID #09BERLIN1162

[102] Majid Sattar ist ein in transatlantischen Kreisen beliebter Journalist und »FAZ«-Redakteur. Er war Teilnehmer der Alumni-Konferenz »Runder Tisch

USA« vom Februar 2010 im »World Young Leaders Forum« der BMW-Stiftung Herbert Quandt. Vgl.: www.runder-tisch-usa.de/berlin-hamburg-copenhagen/site/participant_list.html

103 www.datensicherheit.de/aktuelles/swift-abkommen-mit-usa-durch-gewinkt-enthaltung-der-bundesregierung-bei-abstimmung-8713/comment-page-1

104 www.spiegel.de/spiegel/0,1518,731615,00.html

105 www.welt.de/print/wams/vermischtes/article11400615/Die-Verraeter-werden-zu-Gejagten.html

106 Wie das Organigramm auf der Hausseite von Aspen Germany zeigt, ist das »Führerschaft-Programm« interessanterweise nicht Aspen Deutschland unterstellt, sondern US-Aufgabe (siehe: http://aspeninstitute.de/de/organisation, Zugriff am 28.5.2011).

107 www.zuguttenberg.de/news_158.htm, Zugriff am 24.2.2009

108 http://aspeninstitute.de/Mission.html, Zugriff am 10.2.2009

109 http://aspeninstitute.de/de/organisation, Zugriff am 28.5.2011

110 http://aspeninstitute.de/en/publication/download/9/35+Jahre+Aspen+Deutschland.pdf, S. 4, Zugriff am 28.5.2011

111 http://aspeninstitute.de/en/publication/download/7/Aspen+Germany+Annual+Report+2009.pdf, S. 22, Zugriff am 27.3.2011

112 www.germany.info/contentblob/2049966/Daten/252724/ERP_InfoSheet_De_PDF.pdf, S. 2, Zugriff am 28.5.2011

113 http://aspeninstitute.de/en/publication/download/7/Aspen+Germany+Annual+Report+2009.pdf, S. 22 ff., Zugriff am 27.3.2011

114 Volker Berghahn: Transatlantische Kulturkriege. Shepard Stone, die Ford-Stiftung und der europäische Antiamerikanismus. Franz Steiner Verlag, Stuttgart 2004, S. 73

115 Die Begriffe Stiftung und Foundation werden in der Folge synonym verwandt.

116 Die Liste aller Preisträger des Ordens findet man auf Wikipedia: http://de.wikipedia.org/wiki/Verdienstorden_vom_Deutschen_Adler#Tr.C3.A4ger_.28Auswahl.29, Zugriff am 28.5.2011

117 www.chronos-medien.de/stauffenberg.html

[118] Vgl. James Bacque: Der geplante Tod: Deutsche Kriegsgefangene in amerikanischen und französischen Lagern 1945–1946, a. a. O.

[119] George F. Kennan: Memoirs 1925–1950 (Volume I). Atlantic-Little Brown, Boston 1967, S. 437

[120] www.counterpunch.org/werther03212005.html

[121] Ebenda.

[122] www.voltairenet.org/article30039.html

[123] Vorläufer war das OSS, das Office of Strategic Services.

[124] www.voltairenet.org/article30039.html

[125] http://de.wikipedia.org/wiki/Kongress_f%C3%BCr_kulturelle_Freiheit, Zugriff am 28.5.2011

[126] www.ratical.org/ratville/CAH/FordFandCIA.html

[127] Ebenda.

[128] Ebenda.

[129] http://de.wikipedia.org/wiki/City_College_of_New_York, Zugriff am 28.5.2011

[130] Trotzkismus: von Leo Trotzki (1879–1940) ausgehende Variante des Marxismus

[131] »Memoirs of a Trotskyist«, erschienen am 23. Januar 1977 im »New York Times Magazine« und in Buchform als »Reflections of a Neoconservative«. Basic Books, New York 1983, in Auszügen auf Deutsch unter www.pbs.org/arguing/nyintellectuals_krystol_2.html

[132] www.voltairenet.org/article136478.html

[133] Mitgliederliste des CFR unter: www.nndb.com/org/505/000042379, Zugriff am 28.5.2011

[134] Deutsche Übersetzung erschienen als: Daniel Bell: Die nachindustrielle Gesellschaft. Rowohlt, Reinbek 1982

[135] http://en.wikipedia.org/wiki/The_Public_Interest, Zugriff am 28.5.2011

[136] Vgl. Arthur Koestler: Der dreizehnte Stamm. Das Reich der Khasaren und sein Erbe. Molden, Wien/München/Zürich 1977

[137] www.ulrike-ackermann.de/ver_kfkf.html, Zugriff am 28.5.2011

[138] Vgl.: http://de.wikipedia.org/wiki/Entrismus, Zugriff am 28.5.2011

[139] http://de.wikipedia.org/wiki/Project_for_the_New_American_Century, Zugriff am 27.3.2011

[140] William »Bill« Kristol ist der Sohn von Irving Kristol.

[141] www.frsh.de/schl_21/s21_6-7.pdf, S. 6

[142] www.welt.de/politik/article4570831/Irving-Kristol-der-Pate-des-Neokonservativismus.html

[143] James H. Critchfield: Partners at the Creation. The Men Behind Postwar Germany's Defense and Intelligence Establishments. Naval Institute Press, Annapolis 2003, S. 68

[144] Richard Fletcher war ein unabhängiger investigativer Journalist, Aktivist der Labour-Linken, starker Fürsprecher von Kontrollmöglichkeiten für Arbeiter und neben Walter Kendell Mitherausgeber der (Gewerkschafts-) Publikation »Union Voice«. Vgl.: www.globallabour.info/en/2010/06/who_were_they_travelling_with.html

[145] James Burnham (1905–1987), ehemaliger Trotzkist, US-Buchautor »The Machiavellians: Defenders of Freedom«, Gateway Editions 1987, Theoretiker der »New Élite«

[146] http://contraganda.files.wordpress.com/2010/03/bilderberger_mitgliederliste.pdf und http://de.wikipedia.org/wiki/Liste_der_Bilderberg-Konferenzen, Zugriff am 28.5.2011

[147] www.luise-berlin.de/bms/bmstext/9803pord.htm

[148] http://tech.mit.edu/V114/N43/spy.43w.html

[149] http://articles.latimes.com/1994-09-23/news/mn-42050_1_east-germany

[150] lisa.spinfo.uni-koeln.de/trac/tesla/export/4274/tesla/.../tiger_50_plain.txt über Suchmaschine gefunden, Zugriff am 28.5.2011

[151] Bona fide: guter Glaube, juristischer Begriff

[152] http://books.google.de/books?id=Xfypui2p-2YC&pg=PA275, S. 275 f.

[153] http://walt.foreignpolicy.com/posts/2009/02/23/what_gene_kranz_could_teach_richard_perle_integrity

[154] www.welt.de/print-welt/article405868/Richard_N_Perle_Amerikas_Fuerst_der_Finsternis.html

[155] Machiavellismus: rücksichtslose, durch keinerlei moralische Bedenken gehemmte Machtpolitik (benannt nach dem florentinischen Staatsmann Niccolò Machiavelli)

[156] Herausgeber ist Jakob Augstein, Ziehsohn von »Spiegel«-Übervater Rudolf Augstein.

[157] www.freitag.de/2003/12/03120802.php

[158] Ebenda.

[159] PsyOps: Kürzel für Psychological Operations

[160] http://ics.leeds.ac.uk/papers/vp01.cfm?outfit=pmt&folder=64&paper=665

[161] Einen »Verteidigungsfall« definiert Artikel 115 a des Grundgesetzes. Er bedeutet *»die Feststellung, dass das Bundesgebiet mit Waffengewalt angegriffen wird oder ein solcher Angriff unmittelbar droht«*. Die Feststellung des Verteidigungsfalles obliegt dem Bundestag, der Bundesrat muss zustimmen.

[162] Herausgeber des »Weekly Standard« ist William »Bill« Kristol, Mitglied in einer Vielzahl von Netzwerken, u. a. dem »Emergency Commitee for Israel« oder der »Foreign Policy Initiative«; überdies Mitunterzeichner von PNAC, unermüdlicher Antreiber des Kriegs gegen den Irak.

[163] Slacker: engl.: Faulpelz, Drückeberger

[164] www.weeklystandard.com/Content/Public/Articles/000/000/001/543yatms.asp

[165] www.welt.de/print-welt/article174972/Elegante_und_belesene_Schuhputzer.html

[166] www.welt.de/politik/article148873/Was_treibt-Terroristen_an.html

[167] www.welt.de/print-welt/article348563/Bye_bye_Neocons.html

[168] Erschreckende Aufnahmen aus Abu Ghuraib finden sich z. B. hier: www.smh.com.au/ftimages/2006/02/15/1139890773751.html

[169] www.welt.de/print-welt/article94560/Warum_Europaeer_George_W_Bush_hassen.html

[170] www.faz.net/s/Rub117C535CDF414415BB243B181B8B60AE/Doc~E9C1A52F146CE45EFB12D251AA20893B1~ATpl~Ecommon~Scontent.html

[171] www.welt.de/print-welt/article232962/Frauen_und_Kinder_als_Schutzschilde_der_Gotteskrieger.html

[172] www.haaretz.com/news/renewed-lebanese-drug-trade-hikes-israel-hezbollah-tensions-1.1527

[173] www.jcpa.org/brief/brief4-1.htm

[174] www.jcpa.org/JCPA/Templates/ShowPage.asp?DRIT=3&DBID=1&LNGID=1&TMID=111&FID=624&PID=0&IID=633&TTL=Experiencing_European_Anti-Americanism_and_Anti-Israelism, Zugriff am 28.5.2011

[175] http://findarticles.com/p/articles/mi_m2751/is_74/ai_112411720

[176] http://www.jbanc.org/files/Chronicle5.pdf

[177] http://en.wikipedia.org/wiki/Aspen_Strategy_Group, Zugriff am 28.5.2011

[178] www.rferl.org

[179] »Soft Power« oder »Sanfte Macht« erreicht Dinge eher durch Überredung und Propagandamethoden denn durch Zwang.

[180] www.foreignaffairs.com/articles/65426/jeffrey-gedmin/boom-box-usa

[181] http://de.wikipedia.org/wiki/Amtseid#Amtseid_des_Pr.C3.A4sidenten_der_T.C3.BCrkei, Zugriff am 28.5.2011

[182] gebrieft: engl. to brief = Instruktion erteilen, Anweisung geben

[183] www.politonline.ch/index.cfm?content=news&newsid=569

[184] http://pqasb.pqarchiver.com/washingtonpost/access/290965121.html?FMT=ABS&FMTS=ABS:FT&date=Feb+20%2C+2003&author=Angela+Merkel&pub=The+Washington+Post&edition=&startpage=A.39&desc=Schroeder+Doesn%27t+Speak+for++All+Germans

[185] www.spiegel.de/politik/ausland/0,1518,264546,00.html

[186] www.faz.net/s/Rub99C3EECA60D84C08AD6B3E60C4EA807F/Doc~E6E70A3C55B0945309626327E59F35EE0~ATpl~Ecommon~Scontent.html

[187] http://www.bundestag.de/Mediathek/index.jsp, Suchbegriff »Guttenberg«, Zugriff am 27.3.2011

[188] Die entsprechende Unterseite www.zuguttenberg.de/news_158.htm ist nicht mehr erreichbar, letzter Zugriff am 24.2.2009.

[189] Newsarchiv des Deutschen Bundestags, Meldung vom 19.3.2003

[190] Newsarchiv des Deutschen Bundestags, Meldungen vom 19.3.2003 und 7.9.2005

[191] Newsarchiv des Deutschen Bundestags, Meldung vom 1.6.2005

[192] Newsarchiv des Deutschen Bundestags, Meldung vom 23.12.2007

[193] www.sueddeutsche.de/kultur/umstrittenes-zitat-von-ahmadinedschadder-iranische-schluesselsatz-1.287333

[194] Newsarchiv des Deutschen Bundestags, Meldung vom 14.8.2007

[195] www.sueddeutsche.de/politik/bundeswehr-in-afghanistan-polenz-schliesst-engagement-im-sueden-nicht-aus-1.262895

[196] Die Mitgliederliste der Atlantischen Initiative kann hier eingesehen werden: www.politaia.org/wp-content/uploads/2010/10/Atlantische_Initiative_e.V.5.pdf

[197] http://atlantische-initiative.org/wp-content/uploads/2010/11/Factsheet-AI.pdf, S. 1, Zugriff am 28.5.2011

[198] www.welt.de/print-welt/article279120/Deutschlands_geschichtliche_und_gegenwaertige_Verantwortung.html

[199] www.cdu.de/doc/pdf/05_06_16_Rede_Merkel_60_Jahre_CDU.pdf, S. 3, Zugriff am 28.5.2011

[200] www.zentralratdjuden.de/de/article/1467.html, Zugriff am 28.5.2011

[201] www.zeit.de/2009/49/01-Deutschland-Israel

[202] www.handelsblatt.com/politik/deutschland/zu-guttenberg-gut-gelaunt-in-new-york/3135574.html

[203] www.true-sale-international.de, Zugriff am 27.3.2011

[204] www.mopo.de/news/staatsrechtler--gesetzgeber-wird-zum-gesetz nehmer/-/5066732/5301562/-/index.html

[205] Ebenda.

[206] www.attac-netzwerk.de/was-laeuft/neuigkeiten/detailansicht/datum/2009/08/13/wirtschaftsberater-stilllegen/?L=2

[207] Dokumentiert in der ARD-Sendung »fakt«, zu finden unter http://julius-hensel.com/2011/02/guttenberg-ein-lugner-blender-und-ohne-kinderstube

[208] www.spiegel.de/politik/deutschland/0,1518,691041,00.html

[209] http://de.guttenplag.wikia.com/wiki/GuttenPlag_Wiki, Zugriff am 28.5.2011

[210] www.tagesspiegel.de/politik/csu-naher-professor-genehmigte-guttenberg-promotion-ausnahmsweise/3891682.html

[211] Vgl. Begründung: www.uni-bayreuth.de/presse/info/2011/040-037-gutten.pdf

[212] www.kaschachtschneider.de/de/component/content/article/2-aktuelles/20-vertragsergaenzung.html

[213] www.bieur.uni-bayreuth.de/de/team/01_peter_haeberle/index.html, Zugriff am 28.5.2011

[214] Peter Häberle: Europäische Verfassungslehre. Nomos Verlagsgesellschaft, Baden-Baden 2002

215 Peter Häberle: Verfassungsvergleichung in europa- und weltbürgerlicher Absicht, Duncker & Humblot, Berlin 2009

216 In einer E-Mail an die Autorin, datiert vom 28.2.2011

217 www.ftd.de/politik/deutschland/:copygate-affaere-guttenberg-setzte-auf-csu-nahen-zweitgutachter/60016964.html

218 www.tagesspiegel.de/politik/750-000-euro-fuer-die-uni-bayreuth/3879402.html

219 www.uni-bayreuth.de/presse/info/2011/041-038-gutten.pdf

220 www.evangelisch.de/community/blog/embonpoint/the-master-of-disaster-guttenbergs-doktorvater

221 www.spiegel.de/spiegel/print/d-77222662.html

222 www.maerkischeallgemeine.de/cms/beitrag/12024876/492558/Wissenschaft-sauer-auf-Guttenberg-Demo-in-Berlin.html

223 http://maybritillner.zdf.de/ZDFde/inhalt/30/0,1872,8215230,00.html?dr=1, Zugriff am 27.3.2011

224 Ebenda.

225 www.tagesspiegel.de/medien/die-fronten-verlaufen-zwischen-den-medien/3897876.html

226 »Bild« vom 17.2.2011

227 Im Kuratorium der neuen Stiftung sitzt Merkels Ehemann Joachim Sauer. Siehe dazu auch: www.becklog.zeitgeist-online.de/2011/02/03/friede-springer-grundet-3-stiftung-im-vorstand-merkel-ehemann

228 http://aspeninstitute.de/en/publication/download/9/35+Jahre+Aspen+Deutschland.pdf, S. 168, Zugriff am 27.3.2011

229 www.ftd.de/it-medien/medien-internet/:springer-schenkt-doepfner-aktien/98009.html

230 www.atlantik-bruecke.org/w/files/dokumente/jb-0910-final.pdf, S. 141/146, Zugriff am 28.5.2011

231 Ebenda, S. 61, Zugriff am 28.5.2011

232 »Zu Guttenberg in außenpolitischen Führungsgremien berufen«, vgl.: http://www. zuguttenberg.de/news_158.htm, Zugriff am 24.2.2009

233 Hermann Ploppa: Markradikale Pressure Groups, S. 1, veröffentlicht unter: http://www.scribd.com/doc/9570714/Marktradikale-Pressure-Groups-Hermann-Ploppa

[234] Bewusst wurde der englische Terminus belassen, um das deutsche Wort »Kollaborateur« zu vermeiden, da zu sehr mit der Konnotation einer Kriegs- oder Nachkriegssituation behaftet. »Collaborators« sind danach: Zuarbeiter, Mitarbeiter, Sympathisanten, Mitglieder.

[235] James Petras: Networks of Empire and Realignments of World Power (deutsche Übersetzung: Netzwerke des Imperiums und Neuausrichtung von Weltmacht), veröffentlicht unter: http://petras.lahaine.org/articulo.php?p=1834&more=1&c=1

[236] Ebenda.

[237] Klientelstaat: auch Satellitenstaat, bezeichnet einen Staat, der in Abhängigkeit zu einem anderen (größeren) steht.

[238] www.manager-magazin.de/unternehmen/karriere/0,2828,421447,00.html

[239] www.sueddeutsche.de/politik/streitfall-libyen-einsatz-deutsche-aussenpolitik-eine-farce-1.1075362

[240] http://ecfr.eu/blog/entry/germany_in_europe_angelas_walk_of_shame, Zugriff am 28.5.2011

[241] AFP-Meldung vom 27.03.2011: www.google.com/hostednews/afp/article/ALeqM5j1NCKlgdFf0jQ5yIhxMV6mdBCWBQ?docId=CNG.5d636792c846ad82d14b7fd55897d6c3.101

[242] http://www.scribd.com/doc/9570714/Marktradikale-Pressure-Groups-Hermann-Ploppa

[243] Siehe auch meinen Beitrag »EU-Ermächtigung: auf dem Weg in die Diktatur? Eine Bestandsaufnahme«, erschienen in zeitgeist, Heft 30 (2010)

[244] »Zeit-Fragen« Nr. 8 vom 23.2.2009, S. 6

[245] www.kaschachtschneider.de/files/Buergerlichkeit_des_Buergers.pdf, Zugriff am 28.5.2011

Auf unserer speziell für die Leser dieses Buches eingerichteten Seite **www.zeitgeist-online.de/anmerkungen-guttenberg-dossier** finden Sie alle oben genannten Internetlinks zum unmittelbaren Anklicken. Sie ersparen sich auf diese Weise das mühsame Abtippen der Webdressen. Zuvor müssen Sie sich auf unserer Verlagswebseite registrieren und einloggen (vgl. Seite 8).

Personen- und Sachregister

Bildquellen

Seite 18	Focus, Heft 13/2009 vom 23.3.2009, Seite 20
Seite 31	Wikimedia Commons/Official State Department Biography Photo vom 5.11.2009
Seite 34	First Run Features, 19.08.2003
Seite 46	Deutscher Bundestag, bildTeam Berlin/H. Barrientos, 27.3.2001
Seite 61	Verlagsarchiv zeitgeist Print & Online, 9.7.2009
Seite 64	Harper & Brothers Publishers, New York/London, 1945
Seite 70 ff.	Atlantik-Brücke e. V./New York Times, 16.2.2003, www.atlantik-bruecke.org/service/dokumente/a-message-to-the-people-of-the-united-states-of-america.pdf
Seite 77	Wikimedia Commons/Christian Stutterheim, mit freundlicher Genehmigung des Bundesbildarchivs, Bild Nr. B 145 Bild-F088867-0010, vom 17.8.1991 anlässlich des Abschiedsempfangs des US-Botschafters
Seite 84	Ullstein Verlag, Berlin, 2. Aufl. 1993
Seite 108	The Aspen Institute, Berlin, Annual Report 2009/2010, http://aspeninstitute.de/de/publication/download/24/Aspen+Annual+Report+2009-2010.pdf
Seite 110	Wikipedia, nach Wikipediavorlage 3. Klasse und Beschreibung aus dem Reichsgesetzblatt, erstellt am 7.4.2010
Seite 111	Wikimedia Commons/Time Magazine, Titelbild vom 14.1.1935
Seite 113	Wikimedia Commons, entstanden 1944 oder 1945
Seite 139	Wikimedia Commons, 17.1.2008, lizensiert unter Creative Commons Attribution-ShareAlike 3.0
Seite 140	Sterling Publishing, New York, November 2007
Seite 156	Wikimedia Commons, 9.9.2004
Seite 161	Deutscher Bundestag, Lichtblick/Achim Mende, 23.11.2010

Seite 170 Wikimedia Commons/SKopp, 26.11.2004
Seite 173 Guttenplag Wikia, http://de.guttenplag.wikia.com, 3.4.2011

Wir haben uns nach bestem Wissen und Gewissen bemüht, die Rechteinhaber der verwendeten Abbildungen zu ermitteln. Sollten uns hierbei Fehler unterlaufen sein, bitten wir freundlich um Hinweis an den Verlag.

Adressen transatlantischer Einrichtungen in Deutschland

American Academy in Berlin GmbH
Geschäftsführer: Dr. Gary Smith
Gegründet: 1994
Hausanschrift: Hans Arnhold Center, Am Sandwerder 17-19, 14109 Berlin
Tel. 030-80483-0, Fax 030-80483-111
www.americanacademy.de,
www.facebook.com/group.php?gid=51339120221

Atlantik-Brücke e. V.
Vorsitzender des Vorstands: Friedrich Merz
Gegründet: 1952
Hausanschrift: Magnus-Haus, Am Kupfergraben 7, 10117 Berlin
Tel. 030-203983-0, Fax 030-203983-20
www.atlantik-bruecke.org

Atlantische Initiative e. V.
Präsident: Rüdiger Lentz
Gegründet: 2004
Hausanschrift: Wilhelmstraße 67, 10117 Berlin
Tel: 030-20633788, Fax 030-20633790
www.atlantic-community.org

Aspen Institute Germany e. V.
Vorsitzender desVorstands: Charles King Mallory IV
Gegründet: 1974
Hausanschrift: Friedrichstraße 60, 10117 Berlin
Tel. 030-8048900, Fax 030-80489033
www.aspeninstitute.de, www.facebook.com/AspenInstitute

Deutsche Atlantische Gesellschaft e. V.
Präsident: Christian Schmidt
Gegründet: 1956
Hausanschrift: Dorotheenstraße 84, 10117 Berlin
Tel. 030-20649134, Fax: 030-20649136
www.deutscheatlantischegesellschaft.de

Deutsche Gesellschaft für Auswärtige Politik e. V. (DGAP)
Präsident: Dr. Arend Oetker
Gegründet: 1955 (identisch mit German Council on Foreign Relations)
Hausanschrift: Rauchstraße 17/18, 10787 Berlin
Tel. 030-254231-0, Fax 030-254231-16
www.dgap.org

European Council on Foreign Relations (ECFR)
Head of Berlin Office: Dr. Ulrike Guérot
Gegründet: 2007
Hausanschrift: ECFR Berlin Office, Reinhardtstraße 19, 10117 Berlin
Tel: 030-32505100, Fax: 030-325051011
www.ecfr.eu, www.facebook.com/group.php?gid=2428839420

DAS
GUTTENBERG
DOSSIER
Jan Gaspard im Gespräch
mit Friederike Beck
Aufstieg und Fall
Karl Theodors zu Guttenberg
vor dem Hintergrund der
transatlantischen Netzwerke
in Deutschland.
FSK
ab
0
freigegeben
zeitgeist
nexworld.TV
DVD